零基础

可持续
发展笔记

［日］笹谷秀光　著

张　歌　译

中国科学技术出版社

·北 京·

日本的目标：
可持续发展目标发达国家

相信大家几乎每天都在报纸等媒介上看到可持续发展目标（SDGs）一词。

所谓SDGs，是英文Sustainable Development Goals的英文缩写，中文译名为可持续发展目标。

"可持续"给大家的印象一般都是"为了世界、为了人类、为了自己、为了子孙后代"。其中，"为了子孙后代"这一跨越世代的概念是十分重要的。

在可持续发展目标当中，最为基本的规则就是自主参与。也就是说，我们要立刻去做自己力所能及的事。在现在的大背景之下，如果不立刻行动起来的话，恐怕以后就真的来不及去解决世界规模的大问题了。

这个规则是很恐怖的，会让我们的差距拉得越来越大。只要脑子稍微空白一会儿，日本就会被欧美国家甩开距离，日本也会被踢出可持续发展目标伙伴的行列。

规则已经变了。各个公司必须齐头并进，从可持续发展目标的角度出发，快速思考自家公司应该做什么、能够做什么，并一刻不停地迈开双腿开始前进。从现在开始着手的话，我们还是勉强来得及的。

从2015年9月可持续发展目标获得通过开始，已经过去了4年多的时间。距离目标年份2030年，还剩下不到10年的时间。很遗憾，与欧美国家相比，日本已经在起跑线上落后了。

其实，将可持续发展目标仔细研究之后，我深切地感受到，可持续发展目标其实代表着文明。各个国家致力于可持续发展目标的不同方式，与各个国家的不同文明息息相关。例如，对于瑞典的格丽塔·桑伯格（Greta Thunberg）的态度如何，就可以看出一个国家的国情如何。无论是"00后"，还是更加年轻的"10后"，在他们当中，关心可持续发展目标的人数比例都是非常高的。

日本在商业方面素来崇尚和之精神，以及三方兼顾（对买方好、对卖方好、对社会也好）。因此，要想加快可持续发展目标的步伐，日本的潜力还是很大的。

然而现在，这些传统观念却成了"刺头"，很容易让别人认为：我们根本不需要外来的可持续发展目标。于是，我们站在了命运的十字路口。

总有一部分人保持着固有观念，排斥西方文化。无视可持续发展目标的到来。（我将这种现象称为"SDGs Through"。）

三方兼顾自然是好的，但是没有办法在全世界范围内获得通用。这是因为，我们总是倾向于以做好事不留名为美德，很少主动宣传。

于是，我提出了一个新的概念：宣传性三方兼顾。我们可以这么认为，现在，三方兼顾的社会课题，其实就是可持续发展目标。换言之，只要将宣传型三方兼顾"可持续发展目标化"，就可以在世界范围内通用。这就是现代版的三方兼顾经营方针。

可持续发展目标是什么呢？总体来说，它思考整个地球所面临的问题，既是一个世界通用的语言，可以为我们讲述如何实现可持续的未来发展，也是一个世界通用的指南针。我在日本农林水产省、日本外务省、日本环境省工作时，在饮料制造公司伊藤园就任董事时，都在积极致力于可持续发展目标的实现。现如今，我是千叶商科大学的教授，站在讲台上教书育人。我完整地体验了"产学官"（产业、政府、大学）的全部环节，理解了这一指南针的重要性。

可持续发展目标广泛地囊括了经济、环境和社会的课题，直接与企业经营、地方创生挂钩。尽管东京奥运会延期到2021年召开，但是本届奥运会以可持续发展目标来确立调配和运营的规则是不变的。除此之外，预计于2025年召开的日本世界博览会，即大阪·关西世界博览会的主题也是可持续发展目标。希望我们全日本都能够拧成一股绳，一起来实现目标！

不只是企业、自治体和团体的商界人士需要致力于可持续发展目标，学生们也必须将可持续发展目标当成一项新的常识。

我希望本书是一本形象化的书，可以让这些知识一下子走进各位读者的脑海中。此外，本书也从经营的视角出发，整理了一些基础知识。

相信本书对所有人来说，都是一本学习并理解可持续发展目标的最快入门书籍。

我衷心希望，本书能够帮助各位更好地学习、实践可持续发展目标。

笹谷秀光

此刻
世界

现如今世界面临的问题

世界上有各种各样的问题和课题，如果不解决这些问题和课题，人类和地球的繁荣就无法持续下去。

> 世界上约有7亿人（约10%）处于极度贫困当中。

> 世界上有8亿人（约10%）以上营养不良。

> 已经3天没吃饭了……

> 而且饥饿人口的2/3都集中在撒哈拉以南的非洲地区和南亚地区。

> 世界上有7000万以上的难民。

> 战争、恐怖、暴乱等使许多人成为难民。

> 由于战争，故乡都被毁了……

> 世界上有8.4亿人无法用电。

> 全世界约7.8亿人（约10%）无法确保用水安全。

> 想在学校学习……

> 世界上6~14岁的儿童当中，每5个人中就有1个人无法上学。

> 约7.5亿成年人（约10%）无法读写文字。

来源：以上数字以联合国情报中心《SDGs报告2019》、联合国难民事务高级专员公署（UNHCR）报告《全球趋势》为基准。后文也会援引除这二者之外的其他资料。

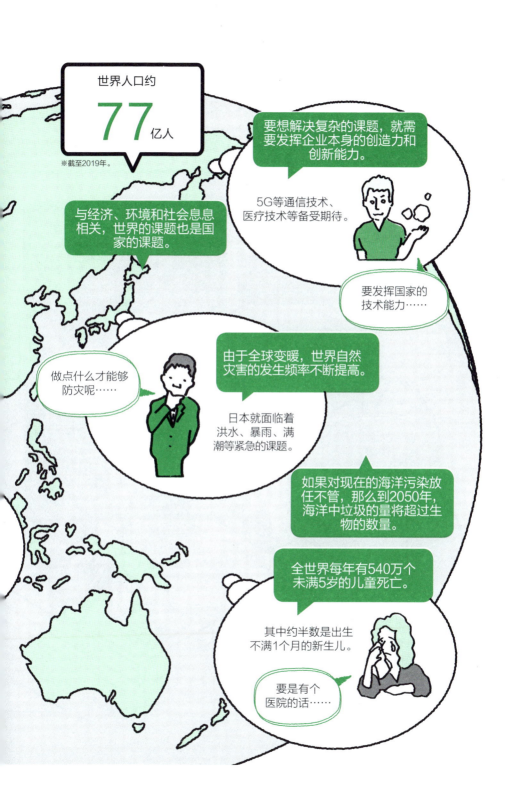

企业

现如今企业致力于可持续发展目标的好处

无论是大企业还是中小企业，致力于可持续发展目标可以为企业带来各种各样的好处。

获得商业机遇

预计截至2030年，如果实现可持续发展目标的话，全世界将创造12万亿美元的经济价值，未来也可以期待与可持续发展目标相关的巨大商业机遇。

有利于资金筹措

现如今，ESG投资（第3章）在选择投资对象的时候，倾向于选择兼顾环境、社会和企业管理的企业。因此，致力于可持续发展目标对于企业的资金筹措是有利的。

12万亿美元的话……约是1300万亿日元！

为了地球环境，不秉持可持续发展目标的公司，我们就不投资！

沟通途径

由于可持续发展目标是全世界共通的认识，所以这也成了一个契机，让致力于社会课题的企业，与其他企业、自治体、NPO团体产生交点。另外，可持续发展目标也会成为一个有效的途径，帮助共享国内外各组织的认识，促进人们相互理解。

可持续发展目标是我们的共识。和客户之间的伙伴关系获得了强化。

多亏可持续发展目标这个契机，好像能够获得一个新领域的工作了。

有效的生存战略

今后，与其他企业的交易条件有可能会变成要求合作企业致力于可持续发展目标。在那个时候，致力于可持续发展目标，就是企业可持续经营的生存战略。

嗯。为了我们的未来，也需要可持续发展目标啊。

创造新的工作

通过致力于可持续发展目标，人们可以有更多的机会开发新的工作领域、获得新的客户和事业伙伴。可持续发展目标也有可能带来迄今为止从未有过的创新。

感觉最近的街道干净了不少呢！

围绕着可持续发展目标进行思考，就可以产生从未想到过的创意。

解决人才缺乏

创造出一个人性化的职场环境，可以减少离职率、提高企业形象，从而让求职者产生"想在这家公司工作"的想法，从而招徕人才。

将来我也想在隔壁的公司工作。

您辛苦了，谢谢。

继续在这家公司从事能够为社会做出贡献的工作。

您好

提高企业的信赖度

通过致力于可持续发展目标，会让利益相关者们认为这家公司是可以信赖的。

为了保护环境，也要购买那家公司的产品。

获得地区的信赖

公司通过创造新的工作岗位、帮助解决地区课题、支持防灾事业等方式，来为社会和地区做出贡献，同时也会提高公司在该地区的信任度。

今后，那些致力于可持续发展目标的企业可以得到的机会和利益，是不致力于可持续发展目标的企业得不到的。

目 录

第 1 章

联合国可持续发展目标的概念及内容

第 2 章

希望大家都能够掌握的17个可持续发展目标

第 3 章

企业和联合国可持续发展目标（SDGs）的关系

第 6 章

学习国内外可持续发展目标的先进事例

第 **1** 章

联合国可持续发展目标的概念及内容

现如今，或许有许多人对于联合国可持续发展目标（SDGs）都抱持着这样的印象：好像总能从哪里听到这个词，但是却并不明白这个词究竟是什么意思。由于联合国可持续发展目标一共有17个目标和169个具体目标（详见p133），数量庞大，所以一定有许多人认为联合国可持续发展目标十分复杂。但是实际上，每一个条目都被解释得清晰易懂。

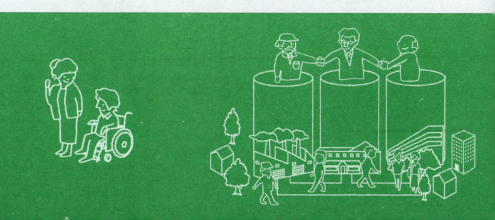

01 联合国可持续发展目标到底是什么

最近，我们总是能够看到联合国可持续发展目标（SDGs）这个字眼，或许在我们普通人当中，有很多人都搞不懂这个词到底是什么意思。所以首先，请允许我从最基础的地方为大家进行介绍。

所谓**联合国可持续发展目标（SDGs）**，是指由联合国制定的17个全球发展目标。那么这些目标是为了什么而设定的呢？其实，它的目标就是实现可持续发展。要想实现这些目标，就需要解决经济、社会、环境三个维度的问题，令这三要素处于调和的状态。不仅发展中国家，发达国家也需要参与其中。所以在日语版的翻译当中，虽说翻译成了"开发"，但也可以从"发展"的角度来看待问题。

三要素的调和

环境
持续保护环境

社会
尊重社会上每个人的人权，包括每个处于弱势地位的人

可持续发展

经济
通过经济活动来创造财富和价值

目标7
经济适用的清洁能源

目标6
清洁饮水和卫生设施

目标10
减少不平等

目标16
和平、正义与强大机构

目标2
零饥饿

目标3
良好健康与福祉

目标1
无贫穷

来源：《可持续发展目标（SDGs）实施方针》，可持续发展目标（SDGs）推进总部。

为解决经济、社会和环境这三个维度的问题，令这三者处于调和状态，联合国可持续发展目标（SDGs）分别设定了**17个目标**和**169个具体目标**（需要解决的课题）。为了创造一个不有损于下一代需求的世界，让人们的消费不会给环境造成超负荷的压力，我们所有人都需要投入到这项事业当中，以达到可持续发展目标。例如，与气候变化对策、就业与劳动、城市、缩小差距、和平、创新等相关的新项目也需要积极应对。而且这项事业面向所有国家，其中当然也包括发达国家。

联合国可持续发展目标（SDGs）的17个目标

目标5
性别平等

目标12
负责任消费和生产

目标4
优质教育

目标13
气候行动

目标11
可持续城市和社区

目标9
产业、创新和基础设施

目标8
体面工作和经济增长

目标14
水下生物

目标17
促进目标实现的伙伴关系

目标15
陆地生物

02 为什么创立了联合国可持续发展目标（SDGs）

联合国可持续发展目标（SDGs）的诞生，是为了创造一个更美好的世界。那么，它究竟是怎么得以创立的呢？

联合国可持续发展目标（SDGs）的前身，是创立于2000年的**联合国千年发展目标（MDGs）**。该项目有8个目标，主要是为了解决发展中国家的问题而设立的，其期限为15年。到了2015年时，除了没有解决的问题之外，还有新发现的一些课题。所以继千年目标后，联合国一致采纳的就是联合国可持续发展目标（SDGs）。

联合国千年发展目标(MDGs)的8个目标

目标 ❶

消灭极端贫穷和饥饿

具体目标 1990年到2015年，靠每日不到1美元为生的人口比例减半。

目标 ❷

实现普及小学教育

具体目标 2015年前，确保不论男童或女童都能完成全部初等教育课程。

目标 ❸

促进两性平等并赋予妇女权力

具体目标 最好到2005年在小学教育和中学教育中消除两性差距，最迟于2015年在各级教育中消除此种差距。

目标 ❹

降低儿童死亡率

具体目标 5岁以下儿童的死亡率降低2/3。

目标 ❺

改善产妇保健

具体目标 1990年到2015年，产妇死亡率降低3/4，到2015年实现普遍享有生殖保健。

目标 ❻

与艾滋病、疟疾和其他疾病作斗争

具体目标 到2015年，遏制并开始扭转艾滋病病毒/艾滋病的蔓延。之后，遏止并开始扭转疟疾和其他主要疾病的发病率。

目标 ❼

确保环境的可持续能力

具体目标 将可持续发展原则纳入国家政策和方案；扭转环境资源的流失。

目标 ❽

制订促进发展的全球伙伴关系

具体目标 进一步发展开放的、有章可循的、可预测的、非歧视性的贸易和金融体制，包括在国家和国际两级致力于善政、发展和减轻贫穷。

来源：联合国计划署（UNPP）驻日代表处。

联合国千年发展目标（MDGs）出台以来，世界各国与人民为达到该目标，不断向前迈进。最终，一些目标已经顺利完成，还留有一些在规定期限内没有完成的目标。除此以外，还出现了一些新的课题。例如，气候变化对策、就业与劳动、城市、消除差距、和平、创新等，并且将面向的国家范围从原先的发展中国家扩展到了发达国家。

SDGs和MDGs的区别

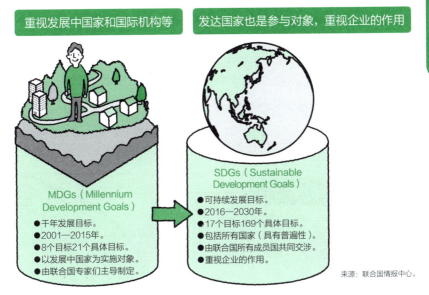

重视发展中国家和国际机构等

发达国家也是参与对象，重视企业的作用

MDGs（Millennium Development Goals）
●千年发展目标。
●2001—2015年。
●8个目标21个具体目标。
●以发展中国家为实施对象。
●由联合国专家们主导制定。

SDGs（Sustainable Development Goals）
●可持续发展目标。
●2016—2030年。
●17个目标169个具体目标。
●包括所有国家（具有普遍性）。
●由联合国所有成员国共同交涉。
●重视企业的作用。

来源：联合国情报中心。

地球界限（Planetary Boundaries）

地球界限（p19）这一概念，是指科学评价人类活动给地球整体带来的影响并展示地球环境界限的方法。地球界限共分为9种，其中生物种类的灭绝速度和生物地球化学循环这两点是高风险，气候变化和土地使用变化这两点则处于风险增加的状态。

来源：日本环境省《平成30年版环境白皮书》。

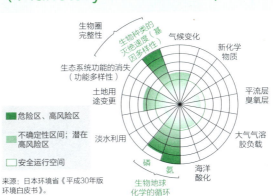

生物圈完整性
生物种类的灭绝速度（基因多样性）
气候变化
新化学物质
生态系统功能的消失（功能多样性）
平流层臭氧层
土地用途变更
大气气溶胶负载
淡水利用
海洋酸化
磷　氮
生物地球化学的循环

■ 危险区、高风险区
■ 不确定性区间；潜在高风险区
□ 安全运行空间

03 没有创立联合国可持续发展目标（SDGs）的后果

为了让大家能够理解联合国可持续发展目标（SDGs）是多么重要，让我们来一起试着想象一下，如果到2030年，我们没有实现这些目标的话会怎么样。

举个例子，联合国可持续发展目标当中，有一条目标是消灭饥饿。那么，如果我们没有达到这个目标的话，会怎么样？现如今，发展中国家有许多人每天都吃不上饭，但是在发达国家中，每天却有大量的食物被浪费。未来，全世界范围内的人口激增不难想见，那么将来的情景一定要比现在更加严峻。

地球上的各种问题

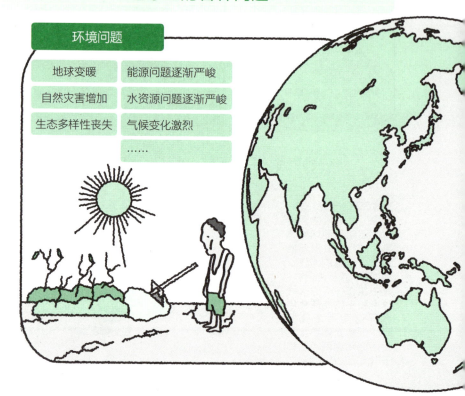

环境问题

地球变暖	能源问题逐渐严峻
自然灾害增加	水资源问题逐渐严峻
生态多样性丧失	气候变化激烈
	……

现如今，无论是发展中国家，还是发达国家，都面临着各种各样的问题。我们应该做的是摒弃发达国家援助发展中国家这一固有思维，而是结为伙伴关系，共同描绘一个不抛弃任何一个人的美好未来。这是十分重要的。另外，不要用单一的视角去看待环境和社会问题，而是需要从经济的角度出发解决这些问题。只有这样改变，才会让可持续发展成为可能。

社会问题

贫困　传染病　教育机会不均　人口激增

各种各样的歧视与威胁　长期且复杂的纠纷

少子老龄化

……

经济问题

经济危机频繁爆发　年轻人失业率高

没有就业的城市化　社会福祉财源不足

经济差距增大

……

为了达到可持续发展目标，我们应该怎么做

达到联合国可持续发展目标（SDGs），需要我们每个人都贡献出自己的力量。话虽如此，但在落实到具体行动上的时候，我们每个人都应该做些什么呢？

要想解决联合国可持续发展目标（SDGs）中的169个具体目标，不仅需要国家和企业的力量，个人的参与也是必不可少的。当一听到解决目标是环境问题、社会问题，很多人都会感觉个人的参与是微不足道的。然而，个人意识的改变和日常行动的积累才是至关重要的。那么，我们首先要做的就是关心这项事业。

步骤1　了解联合国可持续发展目标（SDGs）

知名搞笑公司也都开办了相应活动

2019年的最高气温是40.7℃，发生于新潟县。

例❶　参加活动
现如今，频繁开展许多与环境相关的启发性活动。首先，就让我们参加这些活动吧。了解是走近联合国可持续发展目标（SDGs）的第一步。

例❷　意识到环境的变化
近年来，日本持续出现酷暑天气，也发生了前所未有的大台风。为什么会持续出现这种异常的气候呢？环境问题不是隔岸观火，而是与我们息息相关的问题。

　　当然，仅凭一个人的力量是无法阻止气候和海洋的变化的。如果全世界人民都对联合国可持续发展目标（SDGs）抱持关心的态度，并在日常生活当中改正自己的消费活动和行为模式的话，就会给地球环境带来很大的改变。首先，我们就要从身边的小事开始做起，一点点地去积累。

步骤2　考虑自己力所能及的事情

例❶　改变消费行为
　　打个比方，假如我们改成购买当地食材做成的食物的话，就可以减少运输过程排放的二氧化碳。

改用电动自行车和环保车也可以减少二氧化碳的排放。

减少食物浪费也非常重要。

例❷　改变交通出行方式
　　不要过度使用出租车和私家车，短距离可以选择自行车或步行的方式。改变交通出行方式有助于减少二氧化碳的排放。

步骤3　传给下一代

需要考虑这个世界的下一代。

可持续发展事业第一代人（SDGs Native）是什么？
　　尽管还没有明确的定义，但是该词语通常指的是到2030年时已经成长为成年人的中小学生，以及赞同可持续发展目标理念并从自己开始做起的年轻人们。

来源：Edu Town SDGs，《我们每个人都致力于SDGs》。

05 帮助理解联合国可持续发展目标（SDGs）的5个"P"

为了帮助理解联合国可持续发展目标（SDGs）的17个目标，让我们将其分成5类来分别看一下吧。

　　由于联合国可持续发展目标（SDGs）提出的17个目标涉及诸多领域，所以想要整体把握这些目标是比较困难的。因此，我用5个关键词将这17个目标进行分类。这就是标题中说到的5个"P"。这5个"P"是相互关联的，占据金字塔顶尖位置的是People（人），并且和其他4个"P"都息息相关。联合国可持续发展目标（SDGs）的理念都是以人为中心的。

① People（人）
解决贫困，带来健康
[对应可持续发展目标1~6]

　　尊重每一个人的人权，让所有人都受到尊重，获得平等，并且充分发挥出自己的潜在能力。解决贫困和饥饿问题，实现性别平等，保证所有人接受教育，保证用水卫生，使人们过上健康的生活。

②Prosperity（繁荣）
构筑一个经济富足、可以让每个人放心居住的世界
[对应可持续发展目标7~11]

　　让世界上所有人都能够过上富而充实的生活，确保经济、社会和科技的发展能够做到与自然相和谐。

可持续发展目标的理念是"No One Left Behind（不落下任何一个人）。"因此，达到经济、社会和环境的平衡是十分重要的。在保持平衡的基础上，要想让可持续发展一直延续下去，首先，需要我们透彻地理解5个"P"。另外，可持续发展目标还有5个主要原则，分别是普遍性、包容性、参与性、完整性、透明性与问责制。

③Planet（地球）
与自然共生，保护地球的环境
[对应可持续发展目标12～15]
　　通过可持续的消费和生产、对天然资源的可持续管理、面对气候变化的紧急应对措施等方式来防止地球的恶化，并保证现在和下一代的需求。

④Peace（和平）
实现和平与公正
[对应可持续发展目标16]
　　以建立一个和平的、没有恐怖与暴力的、有着公正的规则秩序、所有人都能够被接纳的、可以参与其中的包容的世界为目标。

⑤Partnership（伙伴关系）
每个人都互相协助
[对应可持续发展目标17]
　　以增强全球相互关联的精神为基准，政府、民间企业、市民社会、联合国机构等各种各样的相关单位及人士都参与其中，以全球伙伴关系的实现为目标。

来源：联合国《改变我们的世界——2030年可持续发展议程》（日本外务省译）。

06 232个全球指标

在致力于实现可持续发展目标的17个目标、169个具体目标之时，联合国还设立了232个指标，来评估其进展状况及其成果。

如前文所述，联合国可持续发展目标由17个目标和169个具体目标共同构成。为了实现这些目标，联合国设立了232个指标，用来判断全球指标的进展状况及其成果。指标原来共有244个，在删除了重复项后，共有232个。根据这些指标，可以将那些比较抽象的目标和具体目标用数字来量化成具体的目标值和完成度，因此可以用来评估联合国可持续发展目标的完成状况。

目标与程度

为了实现这些抽象的目标，联合国将各种各样的问题具体且细致地细化成了具体目标。为了评定具体目标是否得到解决，设定了指标。换言之，这就是用目标来圈定狙击范围，用指标来判定是否射入靶心。

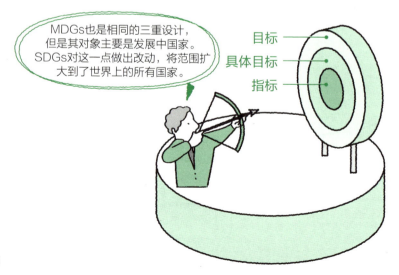

MDGs也是相同的三重设计，但是其对象主要是发展中国家。SDGs对这一点做出改动，将范围扩大到了世界上的所有国家。

目标
具体目标
指标

这232个全球指标是着眼于世界，从世界性角度出发去设计的。因此，每个国家都可以根据本国的实际情况做出相应的调整。例如，目标1的具体目标5是增强穷人和弱势群体抵御灾害的能力。那么在这种情况下，就设定了如下指标：10万人级别的自然灾害中的死亡人数、失踪人数和负伤人数。以这项全球指标为基准，日本做出了如下设置，将消防厅《灾害年报》中记录的死亡人数、失踪人数和负伤人数三者总和，与最近的人口数据（人口普查）相除，算出所占比例。

目标的三重构造

来源：日本外务省SDGs全球指标。

07 世界各国的可持续发展目标实现程度

日本对可持续发展目标的认可度与实现程度正在不断提高，那么，其他国家的完成度又是怎样的呢？

联合国可持续发展解决方案网络（SDSN，p19）等机构每年都会发布世界可持续发展目标实施情况报告。在2019年版里，162个国家中，被评为完成度最高的国家是丹麦，接着完成度较好的是瑞典、芬兰、法国和奥地利。美国排在第35名，中国排在第39名。这说明排名前后与经济规模的大小是没有关系的。

反种族主义运动的兴起

一些高龄女性为了获得和平与平等，发出了自己的声音。其原因就是奥地利自由党加入了政府。国内排斥外国人的情绪高昂，反种族主义运动的目的之一也是为了反对这个浪潮。该运动最后甚至扩大到了德国。

世界水会议 能源券

在法国，政府和市民共同努力，积极致力于可持续发展目标的达成。为援助低收入家庭的照明及取暖费用，法国普及能源券，并以提高世界水质为目标设立了世界水会议。

第四名 法国

• 为低收入人群援助照明及取暖费。
• 以提高水质和管理为目标设立水会议。
• 重新改造建筑物，到2050年，第三产业所用建筑物节能达到60%。

第五名 奥地利

65～85岁的女性发起的反种族主义运动，"Omas Gagen Rechts"（反对极右的老奶奶们）。

在位于排行榜前几名的国家中，也不是都能够做到顺利推进全部17个目标。这就要求对世界影响力大的发达国家充分发挥其社会责任。其中，目标13 气候行动、目标14 水下生物和目标15 陆地生物，都是十分紧急的课题。由于大国的影响力十分强大，所以更需要加快速度推进目标的实现。

SDGs实施情况排行榜

超越瑞典首次拔得头筹

根据2019年的经济合作与发展组织（OECD）报告可知，在男女差距缩小方面，丹麦大有作为。前一年的报告中也显示，男性无偿做家务的时间为每周186分钟，居全世界首位。只是，在丹麦，女性走进社会并担任角色仍然是一个亟待解决的课题。

可持续企业发达国家

一些追求可持续的企业获得了世界的关注。在过去3年中，连续获得实施情况第一名。官民一体，积极致力于可持续发展目标。

男女平等度世界范围内位列前茅者

世界上，一些国家由于不存在男女不平等问题而进入排行榜。34岁年轻的女总理桑娜·马林，5个执政党当中，有3个党的领袖都是三十几岁的女性。这说明女性正在走进这个社会并担任重要角色。

第一名 丹麦

- 消除男女差距。
- 食物浪费减少25%。
- 垃圾再利用。
- 完全采用回收材料建造UN17 village（p19）。

第二名 瑞典

- 行政机关和国有企业均有报告义务。
- 可持续企业多。
- 以垃圾循环再利用为核心，推动建设循环型社会。

第三名 芬兰

- 出现34岁年轻女总理，内阁成员半数以上为女性。
- 男女平等。
- 长期使用清洁能源的实绩。
- 提倡技术创新。

来源：可持续发展解决方案网络（2019年可持续发展指示板报告）。

参考 IMATABI《世界的可持续发展目标是什么？国外的实施与完成情况前五名！》。

08 日本的可持续发展目标实施情况居全球第十五名

全世界都在致力于达到可持续发展目标。那么，日本的实施情况如何呢？让我们以上一节中的内容为基础，来看一看日本的情况吧。

在2019年度的全球可持续发展目标实施完成情况排行榜中，日本位居第十五名。17个目标当中，日本已经完成的目标有2个，分别是目标4（优质教育）和目标9（产业、创新和基础设施）。尽管不敌法国、德国和英国，但是在人口超过一个亿的国家当中，日本位居第一名。所以说，日本的潜力还是很大的。与此相对，如今有4个目标是日本的最大课题目标，分别是目标5（性别平等）和目标12（负责任消费和生产）等。

已完成目标：4、9

优质教育

日本由于九年义务教育和高等教育均在全国范围内获得普及而获得好评。

产业、创新和基础设施

尽管日本在信息通信科技（ICT）等方面有所滞后，但是日本也拥有着世界顶尖的技术，如生产机器人等。

仍需解决的目标：1、3、6、8、16。

重点课题：2、7、10、11、14、15。

来源：可持续发展解决方案网络（2019年可持续发展指示板报告）。

在2019年度的《全球性别差距报告》（p19）中，日本在153个国家中位列第121位，在西方七国首脑会议（G7）中位列倒数第一。日本的排名低，主要是国会议员、企业职员当中的女性占比低等原因导致的。性别差距之外，日本还面临着渔业资源管理、人权和环境等课题，我们今后需要继续致力于解决这些课题。

最大的课题目标：5、12、13、17。

实现性别平等
这方面现在需要解决的课题是很多的，如男女薪酬差距、女性管理人员少、未彻底根除的骚扰等。

面对气候变化拿出具体的对策
史无前例的大台风和酷暑等气候变化，也给日本带来了很大的影响，需要拿出紧急应对措施。

目标12的负责任消费和生产所思考的，就是如何才能做到以可持续的方式来进行生产和消费。

建立伙伴关系完成目标
发展中国家凭借一己之力来谋求发展是很困难的，发达国家必须进行协助或援助。

道德消费与
可持续发展目标

　　迄今为止，有不少消费者在购买商品的时候并不关心这件商品是由谁制作、产地在哪，也不关心这件产品是经历了什么过程才来到自己手上的。或许各位无意中买到的产品，是由远远低于日本最低租金的人工费制作完成的廉价商品，或者是由濒危物种的皮毛做成的衣服。所谓道德消费（即良知消费），就是指规避上述消费行为，选择购买不伤害人类、社会、地区和环境的产品或服务。这一理念在欧美国家中十分盛行，如今在日本也已经获得了普及。近年来，获得认证的商品在日本十分多见。例如，在零售店售卖的鱼获得了MSC水产品认证，木材、纸张等也获得FSC认证，证明这些商品来自可再生的森林。

　　这种广义上的道德消费，是可以通过消费者自身的消费行为来改变整个世界的。因此，作为可持续发展目标来说，这也是一项十分容易投入实践的行动。也是因为这一点，人们很容易理解企业肩负着对践行可持续发展目标的重大责任。此外，还有事业关联营销（CRM，p19）的存在，它可使企业售卖公益商品、帮助解决社会课题。

专业术语解读 1

☑️ 关键词

地球界限(Planetary Boundaries) p5

地球界限是指由于人类开展超出环境负荷的活动，从而引起不可逆且急剧的环境变化的危险性的界限，也称作"地球边界""行星边界框架"等。该概念由瑞典斯德哥尔摩环境研究院院长约翰·罗克斯特伦和澳大利亚国立大学名誉教授威尔·史蒂芬提出。

☑️ 关键词

SDSN p14

SDSN是Sustainable Development Solutions Network（联合国可持续发展解决方案网络）的英文首字母缩写，是一个全球性的网络，于2012年由联合国秘书长潘基文发起。其目的是由学术机关、企业和市民团体等组织机构共同联手，寻找出面向可持续发展的解决方案。现如今，SDSN在世界各地都有活动据点，日本也在2015年设立了SDSN活动据点。

☑️ 关键词

UN17 village p15

这是由瑞典发起的项目，目的是建造一个"能够体现可持续发展目标的村落"。作为一个试点，该项目尝试在建造房屋、居住、毁坏这一循环过程中消灭庞大的垃圾废弃物，实现可持续循环。该项目预定在首都哥本哈根南部的欧瑞斯塔区建造一个可供400户人家共计800人居住的环境。该项目完全采用回收建筑材料建造，百分之百使用可再生能源，每年还将收集150升雨水，用于回收和娱乐性使用。

☑️ 关键词

《全球性别差距报告》 p17

展示男女间在经济、学习、政治及卫生4个领域中的差距的报告，由世界经济论坛发布。根据指数来进行排名。0为完全不平等，1是完全平等。具体请看p57的全球性别差距指数。

☑️ 关键词

CRM p18

CRM是Cause-Related Marketing（事业关联营销）的英文首字母缩写，指的是企业的特定商品或服务的部分盈利将用于环境保护或社会贡献等公益事业，是提高企业形象的一种营销方法。不过，CRM的好处不仅在于能帮助企业做品牌推广，对消费者来说，他们也可以通过商品选择、消费行动来为社会做出贡献。

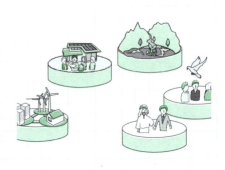

2

第章

希望大家都能够掌握的
17 个可持续发展目标

实现可持续发展目标的17个目标，是全世界人民共同的心愿。不仅世界各国和企业，我们每一个人都需要有着达到目标的意愿，这也是十分重要的。为什么这么说呢？这是因为我们每一个人都与这17个目标息息相关。

目标 01 无贫穷

所谓无贫穷，不仅仅是要消除发展中国家的绝对贫困问题。如何消减发达国家的相对贫困，也是一个重要的课题。

贫困问题的背后，掺杂的是各种各样复杂的原因。无论是在发达国家还是发展中国家，它不仅仅与政府、自治体和企业等机构部门相关，每一个人都应该积极地参与其中。要解决贫困问题，首先需要确保的就是每个人的收入都是合理的，这也与解决社会和环境课题息息相关。为此，我们需要从一个综合性的视角出发去致力于解决贫困问题，这一点十分重要。

国际贫困标准和多维贫困指数（MPI）

☑ **国际贫困标准是什么？** 所谓国际贫困标准，指的是全球每人每天生活支出不满1.9美元。

1990年 ▶ 贫困人口数量约为18.95亿人（约占总人口数量的36%）　2015年 ▶ 贫困人口数量约为7.36亿人（约占总人口数量的10%）

没有什么吃的吗？

一点力气都没有了……

如果根据收入进行比较，那么贫困人口的一半以上都是撒哈拉以南的非洲人。

贫困人口确实减少了呢！

在发达国家当中出现"相对贫困"，也就是贫困差距扩大了，这是现在的一大问题。

来源：日本厚生劳动省《国民生活基础调查》（2015），世界银行《国际贫困线和全球贫困现状》（2015）。

贫困问题属于可持续发展目标具体目标1.1。最初，每人每日平均生活支出不足1.25美元（联合国千年发展目标）则是处于极端贫困之中。现如今，测度贫困的指标有很多，世界银行也划分了国际贫困标准。现在，它将标准调整到了1.9美元。根据这个标准，如今世界贫困率的确在不断下降，但是全世界仍然有10%的人处于极端贫困状态（至2015年）。另外，在2010年，联合国开发署导入了多维贫困指数这一贫困测度方式，从健康、教育、生活水平等方面来测度贫困程度及发生频率。以此为基准，全球约有13亿人口仍处于贫困状态（2019年）。同时，发达国家也面临相对贫困课题。在日本，平均每6个人中就有1个人每月生活支出低于10万日元。对单亲家庭，特别是对母亲独自抚养孩子的家庭提供援助也是一项重要的课题。

☑ 多维贫困指数（Multidimensional Poverty Index，MPI）是什么?

联合国开发署于2010年导入这项新的贫困指标，从健康、教育、生活水平3个方面来测度多种贫困如何重叠，并测算出处于多维贫困状态人口的比例。

＊下图括号内容为各维度。

教育
❶受教育程度（1/6）
家庭成员中没有人受教育时长超过6年。
❷儿童入学率（1/6）
适龄儿童没有进入学校学习。

健康
❸儿童死亡率（1/6）
过去5年内有儿童死亡。
❹营养状况（1/6）
有营养不良的成年人或儿童。

生活水平
❺电（1/18）
没有电力供给。
❻卫生（1/18）
没有下水设施，或者与其他家庭共同使用。
❼安全的饮用水（1/18）
无法获得安全的饮用水，或者获取水需要往返30分钟以上。
❽地板（1/18）
室内地板上有泥土、沙子或动物粪便。
❾做饭所用燃料（1/18）
用粪便、木材、木炭等原料做饭。
❿资产（1/18）
没有收音机、电视、电话、自行车、自行车、冰箱、汽车、卡车中的任何一项。

如果一个人在上述指标中有1/3极度缺乏，则这个人就会被认定为处于多维贫困状态。全世界人口的贫困比率也是基于多维贫困指数的。

从多维贫困指数来看，其实和低收入国家相比，中等收入国家中处于多维贫困状态的人口更多。因此，或许划分富裕国家和贫困国家已经是没有意义的事情了。

来源：联合国开发计划署（UNDP）《2019年全球多维贫困指数主要调查结果》，内阁府、联合国开发署多维贫困指数构成项目一览。

※相对贫困：指与该国家、地域的平均生活水平相比，处于经济贫困的状态。

零饥饿

目标 02

要想消除这个世界上的饥饿和营养不良，就需要推动可持续农业的发展，改善农业生产力。

　　全世界都有一个共同的目标，那就是消除饥饿和营养不良，实现可持续的食物生产。为了让将来的每一个人都能够获得营养充足且足够的食物，就需要推动发展与自然环境关系和谐的可持续农业，确保生产者的收入，并需要进行相应的研究和投资来提高农业生产力。

发展中国家饥饿的原因之一　森林砍伐

　　由于森林砍伐，生态系统和环境遭到破坏，导致大量农田无法投入使用，从而只能继续砍伐森林。在这样的恶性循环之下，近来异常气候和灾害频频发生，导致民众处于饥饿状态。

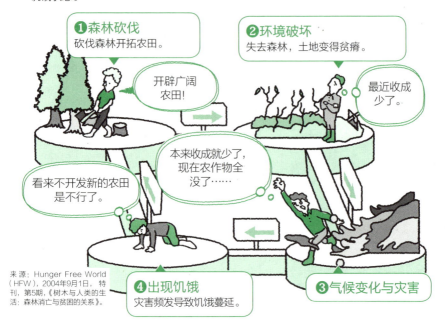

来源：Hunger Free World（HFW），2004年9月1日，特刊，第5期，《树木与人类的生活：森林消亡与贫困的关系》。

在过去的20年里，世界范围内营养不良人数所占比例已经几乎减半，但是在今天，仍然有约8亿人口处于饥饿状态。另外，世界粮食计划署估计，在不满5岁的儿童中，每4个人里就有1个处于营养不良的状态，每年约有310万个未满5岁的儿童由于营养不良而死亡。联合国报告预测称，到2050年，世界人口将达到97亿人，到时将有更多人处于饥饿状态。要想解决饥饿问题，就必须推动可持续农业的发展，整顿食物流通渠道，制定公平、公正的贸易规则。除此之外，不得允许童工的出现。从社会的角度来说，世界也需要推进公平交易，以确保食物生产的公平、公正，这一点也是十分重要的。

来源：联合国经济和社会事务部2019年世界人口统计

可持续农业是什么？

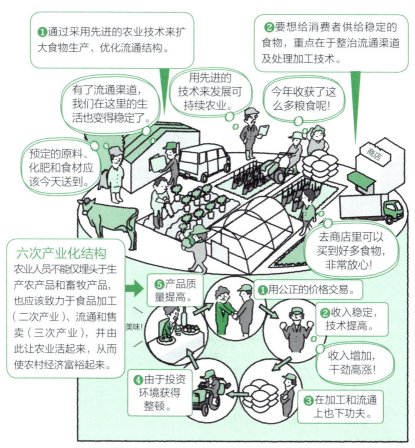

❶通过采用先进的农业技术来扩大食物生产、优化流通结构。

❷要想给消费者供给稳定的食物，重点在于整治流通渠道及处理加工技术。

有了流通渠道，我们在这里的生活也变得稳定了。

用先进的技术来发展可持续农业。

今年收获了这么多粮食呢！

预定的原料、化肥和食材应该今天送到。

商店

去商店里可以买到好多食物，非常放心！

六次产业化结构
农业人员不能仅埋头于生产农产品和畜牧产品，也应该致力于食品加工（二次产业）、流通和售卖（三次产业），并由此让农业活起来，从而使农村经济富裕起来。

❺产品质量提高。

美味！

❹由于投资环境获得整顿。

❶用公正的价格交易。

❷收入稳定，技术提高。

收入增加，干劲高涨！

❸在加工和流通上也下功夫。

来源：联合国情报中心，《联合国可持续发展目标（SDGs）事实与数字》。

03

目标

良好健康与福祉

健康、医疗和保险服务是各国人民生存的必要条件。

2019—2020年，新型冠状病毒的世界大流行，让人们切身感受到了世界性传染病的恐怖。这种传染病是发达国家和发展中国家所共同面对的重大课题，因而维持医疗机构的服务水准是十分重要的。尤其是丰富医疗服务、开发疫苗和药物等，这些是人类生存的基石。除此之外，消除世界医疗差距也是一个重要课题。

世界三大传染病

由血液、体液等媒介传染。

通过患者咳嗽等方式进行空气传染。

我爱你！

咳咳咳！

你没事吧？

艾滋病（AIDS）
全世界的感染者、患者总人数约为3300万人。
每年新增感染者人数约为260万人。
每年死亡人数约为180万人。
来源：2010年UNAIDS统计。

上那边去！

肺结核
每年发病者人数约为940万人。
每年死亡人数约为170万人。
来源：2010年世界卫生组织世界肺结核报告。

以疟蚊媒介传播感染。

疟疾
每年患病者人数约为2亿2500万人。
每年死亡人数约为78万人。
来源：2010年世界卫生组织世界疟疾报告。

在世界范围内，每年约有超过530万的5岁以下儿童死亡，其中约一半为刚出生不到一个月的新生儿。另外，发展中国家的产妇死亡率为发达地区的14倍。世界三大传染病疟疾、艾滋病和肺结核在发展中国家蔓延，每年约有数百万人因此殒命。所以，我们需要改善水和卫生环境，为发展中国家人民进行教育援助，普及疾病知识。除此之外，不仅发展中国家，发达国家也面临着各种各样的健康问题。同时，减少交通事故致死也是具体目标的内容之一。

发达国家的健康问题

发达国家中，寿命缩短、死亡率上升的原因也有很多。生活习惯病、心理健康、烟草依赖、酒精依赖就是十分典型的例子。

来源：联合国儿童死亡率估算机构间小组（IGME）报告书《儿童死亡率水平与趋势》（*Levels and Trends in Childmortality*）（2018）；联合国情报中心，《可持续发展目标（SDGs）事实与数字》（2018）。

目标 04 优质教育

要想构建一个可持续的未来，就需要让所有的人都好好地接受教育。

要想创造一个可持续的社会，就必须要重视教育，让受教育的人能够正确理解当今世界所面临的课题。所谓以可持续发展为目标为可持续生活方式做出贡献的教育，指的不仅限于学校教育，更包括职场上的职业训练及终身教育等，让教育与每一个学习场所都关联起来。发达国家也有一些关于教育的课题亟待解决，如教育程度低下、青少年缺乏生存能力等。

发展中国家不会读写的女性数量多的原因

传统的歧视和习惯
因为有许多家长仍然认为，女性就应该操持家务，学习是没用的。

由于贫穷
有许多家庭没有办法让所有孩子都去上学，所以他们让男孩去上学。

毕竟你是个女孩……

我去上学啦!

学校太远了
如果家里离学校太远的话，很多家长就会不想让孩子们冒着危险去上学。

太危险了，你就留在家里吧。

不仅仅是由于男女性别差异，有很多原因导致孩子们没有办法去上学，如家里穷、少数群体、残疾人等。

来源：联合国教科文组织协会日本官网。

放眼世界，在发展中国家中，无法接受教育的6～14岁儿童约有1.2亿人。另外，世界上不识字的人约有7.5亿人，其中2/3是女性。如果发展中国家的所有儿童都能掌握基本的阅读能力，并顺利从学校毕业，就可以自食其力获取收入。为此，我们首先需要做的就是创造可学习的环境。

来源：联合国儿童基金会，《被偷走的未来 年轻人与失学》。

以可持续发展为目标的教育

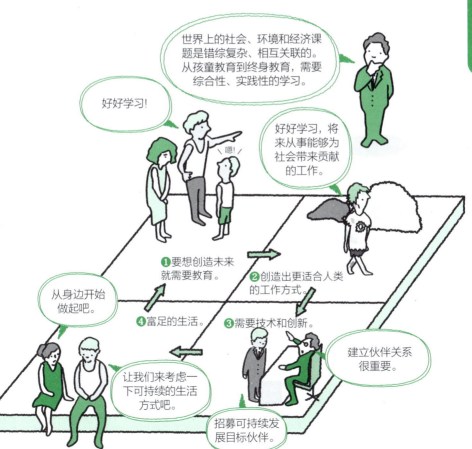

目标 05

性别平等

性别差距关系着所有的发展中国家和发达国家，也是日本应该解决的课题。

男女不平等主要体现在就业、薪酬、家务和政治参与等方面。这些在发达国家中也有体现。另外，发布于2019年的**全球性别差距指数**（p57）中显示，日本在153个国家中位列121位，处于主要发达国家中的最末位。尽管近年来，夫妻均参与工作的家庭增多，但是在托儿所、幼儿园少的地方，仍然有超过三成的女性在生完第一个孩子后选择辞职。伴随着老龄少子化的进程，如今，对日本来说，推进性别平等是一个必须要解决的课题。

来源：日本国立社会保障人口问题研究所，《第十五次出生动向基本调查（夫妻调查）》（2016）。

什么是性别？

男女的差异，除了体现在身体构造和妊娠、分娩等方面，还有许多在社会和文化当中约定俗成的、被固定印象化的职责。这就是"性别"。

真是的，明明是个女孩……

给我有个男孩样！

敲黑板

在可持续发展目标当中，并没有明确提到过最近引发人们热议的LGBTQ这些性少数群体。但是，对这些性少数群体的歧视和偏见，也是发达国家和发展中国家都应该加紧解决的课题之一。

LGBTQ是指女同性恋者（Lesbians）、男同性恋者（Gays）、双性恋者（Bisexuals）、跨性别者（Transgender）和酷儿（Queer）等性少数群体的总体简称。

如今在世界范围内，每年约有1200万个女性未满18周岁结婚，发展中国家当中甚至还有女性在幼儿时期就被迫结婚。另外，15~49岁的女性当中，约有18%的人在过去的12个月内遭受了男性伴侣的身体暴力或性暴力等。这也是目前的一大严峻问题。

各种各样的性别问题

☑ 日本的性别差距

※在153个国家中的排名。

经济
女性的经济生活参与率、薪酬差距、管理层人员的男女比例等。

115位

教育
识字率、高等教育升学率等。

91位

健康
出生时的男女比例、健康寿命等。

40位

政治
内阁成员及过去50年内首相的男女比例等。

144位

在和世界各国用同样的指标进行比较后会发现一个令人感到遗憾的事实：目前，日本女性的活跃率是很低的。另一方面，日本已经施行《女性活跃推进法》，开始积极地致力于解决性别问题。

来源：2019年全球性别差距报告。

☑ 童婚

在年纪幼小的时候就结婚，伴随妊娠、分娩出现危险的概率会随之增高，还存在被剥夺教育机会等各种问题。

不满15岁结婚的女性数量约为2.5亿人

☑ 男性对女性施加暴力

男性对女性施加暴力问题和地域、社会阶层、经济状况无关，是全世界共通的问题。

全世界约有1/3的女性曾经历过身体或性虐待

为了咱们家，你就结婚吧。

可是我还不想结婚……

你听不懂我说的话吗？！

……

来源：联合国情报中心，《可持续发展目标（SDGs）报告》（2019）；日本联合国儿童基金会官方网站。

目标 06 清洁饮水和卫生设施

为了确保饮水安全，需要整顿下水管道等基础设施及保护生态系统。除此之外，卫生设施也是一项重要课题。

清洁饮水是人类繁衍下去的必须要素。即便是在水资源丰富的国家，珍惜水资源、节约用水，以及防止灾害治山治水都是重要课题。从世界范围来看，目前有22亿人无法确保清洁饮水。另外，约有42亿人无法获得安全的基本卫生设施，所以每年都有200多万人死于腹泻等疾病。因此，可持续发展目标不仅提出了清洁饮水这一任务，还特别强调了卫生设施。

世界饮水问题的事实与数据

1990—2015年，全球能够获得安全饮用水源（安全的下水道等）的人数占比从75%上升到了90%。

每天约有1000个孩子死于饮用水和卫生设施等原因带来的腹泻等疾病。

在家附近无法获得饮用水的家庭当中，80%都是由女性和女孩来打水。

平均每10个人里，就有6个人无法获得基本卫生服务（如坐便或蹲便），目前有超过8.92亿的人仍然在室外排泄。

肚子好疼……

平均每10个人里，就有3个人无法喝到清洁的饮用水。

来源：世界卫生组织与联合国儿童基金会的供水和卫生联合监测方案（JMP）（2019）；联合国情报中心，《联合国可持续发展目标（SDGs）事实与数字》（2018）。

洪水及与水相关的自然灾害导致的死亡人数，占自然灾害死亡总人数的70%。

森林中干净的水渗入地底，可以起到缓解气候变化的作用。然而现如今，由于森林砍伐等原因，地球的荒漠化和全球变暖越发严重，并成为导致水资源短缺和自然灾害的原因之一。在这样的地区，治山治水和地下储水等设施及系统就十分必要。在水资源丰富的日本，水源管理、治山治水等方面的高技术水平凝聚了众人的期待。

水资源短缺的原因和解决方案

☑ 发达国家的水资源问题
即便是在日本，确保水源、防止洪水等与水相关的管理也是一大课题，同时，高度净水技术及其他水源管理方法也随之出现。

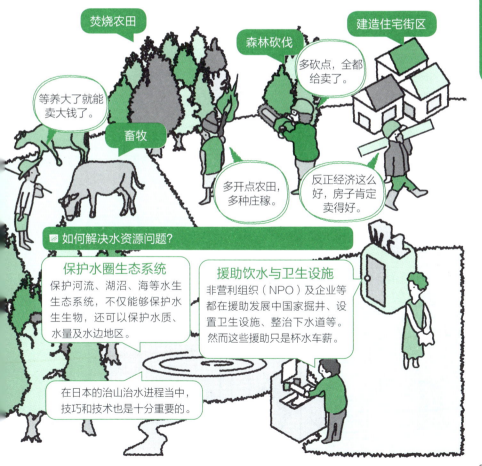

焚烧农田

森林砍伐

建造住宅街区

多砍点，全都给卖了。

等养大了就能卖大钱了。

畜牧

多开点农田，多种庄稼。

反正经济这么好，房子肯定卖得好。

☑ 如何解决水资源问题?

保护水圈生态系统
保护河流、湖沼、海等水生生态系统，不仅能够保护水生生物，还可以保护水质、水量及水边地区。

援助饮水与卫生设施
非营利组织（NPO）及企业等都在援助发展中国家掘井、设置卫生设施、整治下水道等。然而这些援助只是杯水车薪。

在日本的治山治水进程当中，技巧和技术也是十分重要的。

目标 07 经济适用的清洁能源

使用产出温室效应气体的化石燃料，是导致全球变暖的一大原因。

对任何一个国家来说，确保能源都是保证繁荣的重要因素。迄今为止，人类都十分依赖煤炭、石油等化石燃料。然而现在，燃烧这些化石燃料而产生的二氧化碳等气体导致了全球变暖。因此，我们需要改用清洁能源（可再生能源）。另外，在世界上约有8.4亿人无法使用现代电力，约30亿人仍然依靠木材、煤炭、木炭或动物排泄物做饭和取暖，燃烧这些物品时产生的烟雾也将为他们带来严峻的健康问题。因此，消除"无电力地带"也是目前的一大重要课题。

来源：《联合国可持续发展目标（SDGs）事实与数字》（2019）。

能源资源是有限的

如今，世界经济和人们日常生活大部分都是依赖石油、煤炭和天然气等化石燃料。然而，这些资源在未来将面临枯竭。

顺便一提，平均每个日本人的电力消费量是世界平均值的2倍以上，然而日本的能源自给率只有9.6%。

※截至2017年。

132年

99年

51年

50年

石油　天然气　铀　煤炭

来源：日本经济产业省经济能源厅，《日本的能源2019》；
一般财团法人日本核能文化财团，《核能　能源图集》。

现在，全世界的焦点都在太阳能、风能、地热能等使用自然资源的清洁能源。通过使用这些自然资源，二氧化碳等温室气体的排放可以得到抑制。另外，清洁能源仍然处于发展阶段，与传统方法相比，清洁能源所耗费的成本更高。但是随着技术水平的提升，也有越来越多政策围绕着使用清洁能源而展开。今后，开发出与各国国情相适应的低价清洁能源是一项重要课题。

主要的清洁能源

迄今为止，主流的能源仍是化石燃料。然而太阳能、风能、地热能等利用自然资源的清洁能源的研发在不断推进，并将取代化石燃料。

水力发电
这一方式很适合水资源丰富的日本，但是也有开发风险高、对环境产生影响等问题。

地热发电
与水力发电相同，对于处于火山带的日本来说，这也是一个十分合适的方式。虽然发电量较小，但是可以实现电力的稳定供给。

生物质发电
这一方式是以动植物产生的未进行有效利用的废弃物为燃料进行发电的方法。废弃物的收集和搬运，以及管理成本都是需要解决的课题。

清洁能源和传统方式相比，存在成本高这一问题，也需要进行技术革新。今后的课题就是开发出低价清洁能源，让发展中国家的人们也能够安心使用。

太阳能发电
顾名思义，能源就是太阳光。不论在什么地方都可以设置。但是，如果太阳不出来就无法发电。

风力发电
这一方式是将风能转化为电力能源的发电方式。与太阳光不同，风力在夜间也能发电。但是如果没有风，就无法发电。

目标 08 体面工作和经济增长

要想实现经济的可持续增长，就需要创造就业岗位、创业，也需要为人们提供体面工作。

现如今，如果想要实现可持续的世界繁荣，就需要人们拥有**体面工作**（Decent Work）。2015年，英国出台《现代反奴隶制法案2015》。该法案的主题令人感到震惊。日本也出台了**工作方式改革关联法**。除此之外，在发展中国家当中，伴随着高失业率，**童工**问题也是一个重大的问题。在全世界范围内，平均每10个5~17岁的孩子中，就有一个人在工作。也就是说，全球约有1.5亿童工。在这当中，还有处于奴隶状态的童工们。因此，消除童工是一项重要的课题，对企业来说，这也是一个重大的风险。

来源：联合国儿童基金会日本官方网站。

世界主要的劳动问题

强制劳动
2016年，估计全球约有2400万人被强制劳动。

童工
在世界范围内，平均每10个5~17岁的孩子中，就有一个人在工作。

失业问题
据估计，2019年的失业人数为1.8亿人。

青年高失业率
15~24岁的青年人当中，有22%的人没有工作，也没有接受过职业训练或教育。

来源：日本国际发展中心官方网站，国际劳工组织（ILO），《世界就业与社会展望2020年趋势》；联合国情报中心，《联合国可持续发展目标（SDGs）事实与数字》（2018）。

好嘞。
加薪！
好狡猾！
闭嘴！
爸，你的工作呢？
哇哇～
想工作，但是没有职位……

带孩子、家务劳动
女性进入社会这一进程虽然一直在推进，但是无偿带孩子、做家务的女性是男性的2.6倍。

男女薪酬差距
世界范围内，男性的平均薪酬比女性高12.5%。

对日本企业来说，最大的风险之一就是和发展中国家的那些有劳动问题的企业进行交易。

目标8当中，促进体面工作也是目标之一。近年来，日本的一些黑心企业也造成了很大的社会问题，体面工作的重要性也日益凸显。政府与人民一道，正在努力推动纠正长时间劳动，鼓励女性、青年人活跃于职场，普及远程办公等措施。要想实现可持续的经济增长，创造就业岗位、创业和体面工作的就业环境显得十分重要。

日本的劳动课题与工作方式改革

在日本，也有着许多与劳动相关的课题。为解决这些课题，日本政府正在努力推进工作方式改革。

☑ 日本的劳动课题

来源：国际劳工组织（ILO），2019年。

09 产业、创新和基础设施

为了世界的繁荣，我们需要推动工业发展，开发并配备能够抵御灾害等风险的基础设施。同时，我们还需要技术的创新。

联合国可持续发展目标（SDGs）同样重视经济，所以目标9也十分重要。这是因为，如果做不到工业化和技术创新，那么就没有办法应对复杂的世界性课题。另外，迄今为止，发达国家已有的基础设施和工业技术也需要更进一步的升华。然而，在发展中国家中，有许多人还无法使用已经在发达国家得到普及的基础设施，如下水管、电力、交通和互联网等。

没有基础设施就无法提高生产力

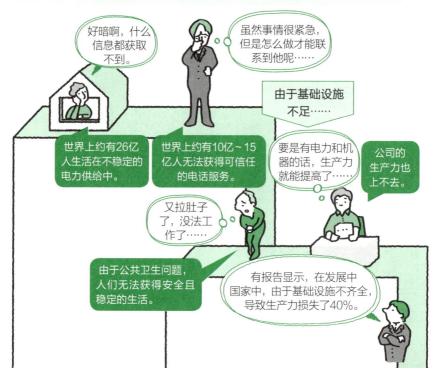

持续投资具有可持续性且强劲的交通、物流网和信息通信技术等有风险抵御能力的基础设施，这是经济增长与发展中不可或缺的一环。与此同时，人们还需要重视科学研究及投资技术创新。技术和创新不仅可以从经济上和社会上为课题的解决提供助力，如提供新的就业机会、改善能源效率等，更是实现可持续发展目标的基石。

配备基础设施带来的工业化效果

工业化增加就业

我来搬运！

产品完成了！

我们是生产的主力军。

售卖这些产品。

多谢您一直以来的关照。

生产加工、制造　　　　　其他

制造业新增一个就业岗位，其他部门就会随之新增2.2个就业岗位。

那些做生产加工和制造的中小型企业占全世界企业总数的90%以上，创造出了全世界50%~60%的就业岗位。

生产活动中不可欠缺的基础设施

※农业综合经营（Agribusiness）：农业（Agriculture）和商业（Business）两个单词组合在一起，是指与农业相关的综合性经济活动。

不仅下水管道和电力等构成生活底盘的基础设施，交通、物流网和信息通信技术等基础设施的配备，对工业发展来说也是不可或缺的。

发展中国家在国内进行加工的农产品只有30%，但是在富裕国家，这个比例却占到了98%。这代表着发展中国家的农业综合经营有着很大的潜力。

来源：联合国情报中心，《联合国可持续发展目标（SDGs）事实与数字》（2018）。

目标 10

减少不平等

现如今，国家间的差距正在逐渐减小，然而各国内部的差距扩大却成了问题。

将42个当下全世界最为富裕的资本家所拥有的资产相加，就相当于低于世界平均收入的37亿人口的总收入。贫富差距已然是一个大问题。另外，公平交易（Fair Trade），即用合理的价格购买发展中国家培育的作物和产品，也在世界范围内持续获得普及，这让国家之间的经济差距开始出现缩小的倾向。另外，为了继续缩小国家间的差距，导入国际税收（p57）的话题也在讨论，即对其他国家和企业进行征税并再分配。

不断增大的差距

除了上文中提到的数字，目前估测，处于前10%的富裕阶层占据着全世界40%的收入。与之相对，处于后30%的约23亿人的收入只占2%~7%。

前10%的富裕阶层，占据着全世界40%的收入。

后30%的贫困人口收入只占全世界2%~7%的收入。

2018年，国际联盟乐施会（Oxfam）公布，世界上最为富裕的8个人的总财产，相当于全世界贫穷阶层，也就是全球半数人口（约36亿人）所拥有的总资产。

来源：联合国开发计划署（UNDP）驻日代表事务所官方网站，《可持续发展目标》；国际联盟乐施会，《99%民众的经济》。

然而，各国国内的收入差距却有着逐渐增大的倾向，即便是在日本，也面临着许多问题，如出现了更多收入水平低于最低生活保障的家庭的育儿问题，以及老龄人口贫困率上升问题等。除此之外，世界上不仅存在着经济差距，还有性别、年龄、残疾、国籍、人种、阶级、宗教、难民、性骚扰等各方面问题，而这些也是导致差距出现的原因。要想彻底消除这些不平等，就需要消除偏见，而偏见正是导致差距的原因之一。这就需要我们每一个人都去承认这个世界的多样性。除此之外，关于待遇平等，不仅要在公司内部实现，还需要保证供应链上的每一环都是平等的。

与目标10关联的企业能做的事

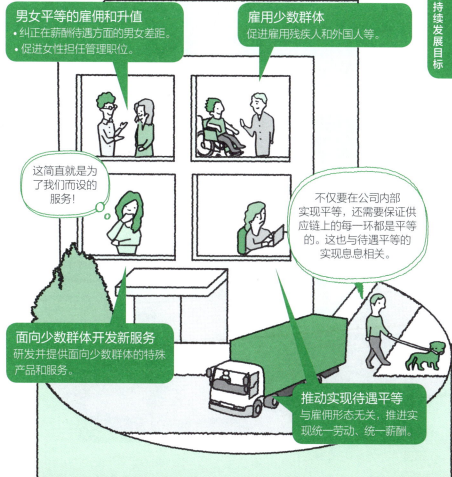

男女平等的雇佣和升值
· 纠正在薪酬待遇方面的男女差距。
· 促进女性担任管理职位。

雇用少数群体
促进雇用残疾人和外国人等。

这简直就是为了我们而设的服务！

不仅要在公司内部实现平等，还需要保证供应链上的每一环都是平等的。这也与待遇平等的实现息息相关。

面向少数群体开发新服务
研发并提供面向少数群体的特殊产品和服务。

推动实现待遇平等
与雇佣形态无关，推进实现统一劳动、统一薪酬。

可持续城市和社区

目标 11

要想建设可持续城市和社区，就需要解决以城市化问题为首的诸多问题。

现如今，半数以上的世界人口都居住在城市。预计到2050年，世界人口将增长25亿，占世界总人口数的68%。在城市，人们能够享受到高收入的工作、高效的服务及便利的交通条件。然而另一方面，贫民窟化和环境污染等问题也时有发生。要想解决城市化的问题，就需要进行高效的参与型城市计划及积极的管理。

来源：联合国的《世界城市人口预测·2018年改订版》。

城市中发生的问题

日本作为发达国家，在面对这些问题的时候，需要做到遏制老龄化少子化的蔓延，克服地区人口减少和地区经济缩水问题，确保生产力可以一直持续到未来。目前，在日本政府当中，内阁府地方创生推进事务局一直以可持续发展目标的理念为指导方针，以可持续城市和社区、地区灵活发展为目标，往前推进发展。政府、企业、市民等不同的阶层，也在一起朝着地方创生这一共同目标迈进。2018—2019年共有60个城市入选可持续发展目标未来城市。

实现可持续城市和社区，我们能做什么？

实现住宅和办公楼节能
• 选择照明、暖气等能耗低的房屋。
• 导入智慧办公楼、绿色大楼等。

一起打造智慧城市吧！

楼顶的菜园由于能有效缓解城市高温现象、热岛现象而备受关注。

创造一个让老年人和孩子们都能够安心生活的空间是十分重要的。

减少废弃物
• 推进再利用、循环利用。
• 使用环保袋、自用水杯。

交通方式
• 往公共交通机构等引入环保车。
• 灵活使用共享智能供电自行车服务、太阳能发电等。

要想创造一个无公害且抵御灾害风险能力强的城市，需要配备高质量的基础设施。

另外，保护文化、自然遗产也是城市建设的重要一环。

目标 12

负责任消费和生产

改变商品和服务的生产和消费方式可以减轻环境压力，并提高生活质量。

由于资源有限，形成循环型社会是我们现在所面临的一大紧迫课题。因此，这要求消费者进行负责任的消费，即选择环境友好的商品和服务，同时，这也要求生产者需要进行负责任的生产。就拿我们身边的一个课题举个例子，据估计，全世界食物产出中有1/3，即相当于13亿吨的食物损失。日本2015年的食品废弃物也达2842万吨，其中有646万吨属于**食物浪费**（p57）。

食品生产与浪费对环境的影响

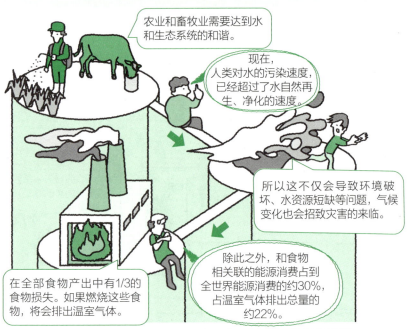

农业和畜牧业需要达到水和生态系统的和谐。

现在，人类对水的污染速度，已经超过了水自然再生、净化的速度。

所以这不仅会导致环境破坏、水资源短缺等问题，气候变化也会招致灾害的来临。

在全部食物产出中有1/3的食物损失。如果燃烧这些食物，将会排出温室气体。

除此之外，和食物相关联的能源消费占到全世界能源消费的约30%，占温室气体排出总量的约22%。

来源：联合国粮食及农业组织（FAO），《世界的食物损失和食物浪费》；日本消费者厅，《减少食物浪费相关参考资料》（2019）；联合国情报中心，《联合国可持续发展目标（SDGs）事实与数字》。

不仅是食物，过度使用石油、天然气等化石燃料或水资源、森林资源，都会导致环境破坏，尤其是废弃塑料问题十分严重。另外，即使没有过度使用，过剩的生产也会导致环境破坏或资源枯竭。生态足迹这一测量指标可以估测人类持续生存的生态阈值，从2018年全球足迹网络（Global Footprint Network，GFN）公布的数据来看，还需要1.7个现在地球的自然资源，才能够维系当前人类的正常生活。

生态足迹是什么？

所谓生态足迹，指的是将特定地区的经济活动规模换算成土地或海的面积，测算出其对自然环境的依赖程度的指标。

☑ 各国资源消耗量所需要的地球个数

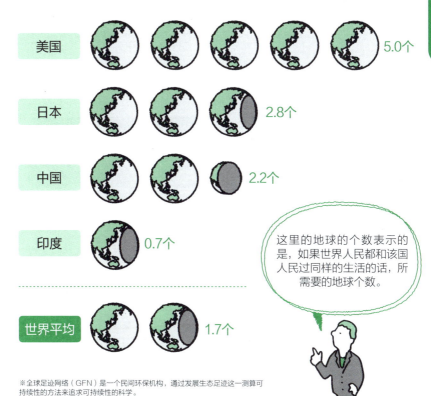

美国　5.0个

日本　2.8个

中国　2.2个

印度　0.7个

世界平均　1.7个

这里的地球的个数表示的是，如果世界人民都和该国人民过同样的生活的话，所需要的地球个数。

※全球足迹网络（GFN）是一个民间环保机构，通过发展生态足迹这一测算可持续性的方法来追求可持续性的科学。

来源：全球足迹网络 NFA2018。

45

目标 13 气候行动

要想解决气候变化问题，就需要降低温室气体排出，推动进入低碳社会。

1880—2012年，世界平均气温上升了0.85℃。日本的气温也在100年间上升了1.14℃，降水量也随之增加。其原因就在于温室气体排放过量而导致的**全球变暖**。全球变暖不仅会带来气温的变化，还会导致飓风、台风、局部暴雨、海平面上升等问题。除此之外，它也是出现酷暑和干旱的原因之一。

来源：联合国政府间气候变化专门委员会（IPCC）第五次报告（2014）；
日本全国防止全球变暖活动推进中心官方网站（JCCCA）。

全球变暖带来的问题

全球变暖
二氧化碳等温室气体会吸收并释放由于太阳光照射地球所释放出来的一部分热辐射。

太阳

热辐射

温室气体

地球

太阳光

海平面上升
低洼地区被水淹没。

干旱
干旱导致水资源短缺、农作物短缺等。

局部暴雨
局部暴雨导致农作物歉收、洪水、塌方等。

台风、飓风
暴风雨带来巨大的损害。

这些都是因为全球变暖而加剧的啊！

全球变暖主要是由二氧化碳、甲烷、一氧化二氮等温室气体在大气中的浓度增加而导致的。要想防治全球变暖，就需要全体国家共同合作来抑制温室气体的排放。在2015年通过的《巴黎协定》提出长期目标，要将全球平均气温较前工业化时期上升幅度控制在2℃以内。除此之外，该协定还提出将全球平均气温上升幅度控制在1.5℃以内。各国也有义务将2020年以后的温室气体削减目标上报给联合国。各国自主制定目标，并每隔5年进行报告、接受审查。

解决气候变化（p57）

▨ 各国的二氧化碳排放量所占比例

来源：日本能源数据与模拟中心（EDMC）
《能源、经济统计要览》（2019）。

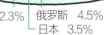

其他 68.3%
美国 15.0%
印度 6.4%
德国 2.3%　俄罗斯 4.5%
日本 3.5%

2015年《巴黎协定》获得通过，其目标是在21世纪的后半叶实现温室气体的排放量和（森林等的）吸收量平衡。

▨ 转型城镇运动（Transition Town）

这是一项于2006年始于英国的运动，它呼吁民众不要再过度依赖石油，而是尽量使用最小必要值的能源，促使社会转型成能够让民众健康生活的社会。

由于转型城镇运动的开展，石油等化石燃料的使用量有所降低，这能够抑制气候变化的加剧。

市民们共同出资，建造可再生能源的发电所。

让地区的货币流通起来，通过自主开店来改变地区的经济。

目标 14 水下生物

认真管理海洋这项全球资源，保护遭受污染的海洋，是走向可持续发展的未来的关键。

海洋污染发生的背后有着各种各样的原因，如工业废水和生活排水的流入、船油泄漏、废弃物被抛入水中等。这其中就有一项近年来国际性的问题，也就是塑料垃圾。现在，每年有800万吨以上的废弃塑料被抛入海中，这些有害物质将会污染海洋生物，人类在吃完这些被污染的鱼类之后自身健康也会遭到损害。

造成海洋污染的各种原因

 废弃塑料

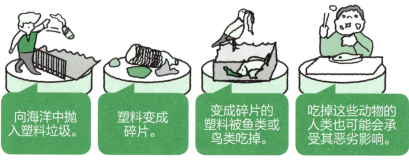

| 向海洋中抛入塑料垃圾。 | 塑料变成碎片。 | 变成碎片的塑料被鱼类或鸟类吃掉。 | 吃掉这些动物的人类也可能会承受其恶劣影响。 |

☑️ 工厂、家庭废水流入　　☑️ 垃圾等废弃物　　☑️ 游轮搁浅导致原油泄漏

伴随着全球变暖而来的就是海洋变暖（p57）。通过引起洋流的变化，它将会给海洋中的生态系统带来影响，导致海洋缺氧或酸性化。除此之外，由于人类滥捕水产物，每年的渔业捕捞量也在不断下降。日本水产物的进口金额仅次于美国，位居世界第二，消费量位居世界第三。保护海洋的丰富性，对于生活在世界水产物消费大国的日本人来说，是一项非常重大的课题。

保护被污染的海洋

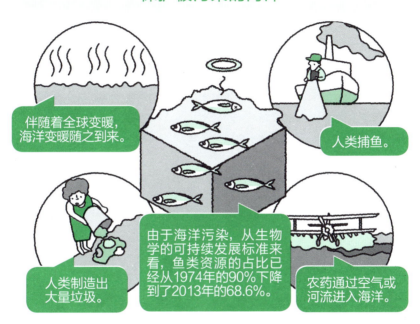

伴随着全球变暖，海洋变暖随之到来。

人类捕鱼。

人类制造出大量垃圾。

由于海洋污染，从生物学的可持续发展标准来看，鱼类资源的占比已经从1974年的90%下降到了2013年的68.6%。

农药通过空气或河流进入海洋。

▨ 如何保护海洋

海洋清理（The Ocean Cleanup）设备，是在海平面上设置一个固定不动的"V"形漂流障碍物，自动聚集海中的垃圾。这些收集到的垃圾将会被定期收走。该装置由荷兰的高中生Boyan Slat发明。

ASC水产认证

这是一项考虑环境与社会的养殖业认证项目。在日本，东日本大地震后重新开张的宫城县南三陆町户仓地区的牡蛎养殖业拔得头筹，初次获得该认证。

来源：联合国粮食及农业组织，《世界渔业和水产养殖状况报告》（2016）。

目标 15 陆地生物

伴随森林破坏、荒漠化和动植物灭绝，想要保护陆地生态的多样性，就需要我们保护生物多样性和自然资源。

现在，森林面积占地球表面总面积30%以上，共约40亿公顷。然而，2010—2015年，全世界的天然森林面积已经减少了650公顷。森林及其周边的湿地、河流、湖沼可以保护大范围的生态系统及其中生物多样性（p57）。然而，伴随着森林破坏和荒漠化，生态系统遭遇崩坏，导致了物种的灭绝。

来源：全球森林资源评估（FRA）报告（2015）：世界森林变化情况（第2版）。

陆地生态保护生物多样性

保护自然，与保护生物多样性息息相关。

湿地
蜻蜓、龙虱、沼大鱼蜻等。

河流
青鳉、香鱼、萤火虫等。

森林
狐狸、貉、野猪等。

湖沼
鸭、日本蝲蛄、鳅等。

2019年的联合国报告书中警告，在今后数十年内，约一百万种生物将面临灭绝。另外，报告还提到，现在地球上约25%的生物处于易危的状态。这样发展下去，生物多样性将会越来越少，导致生态系统崩坏，并对农林水产以及人类的生活造成重大的影响。为了防止这种事态的发生，我们也采取了许多措施，例如，如果砍伐森林了就植树造林，禁止买卖稀有野生动物等，以此来保护陆地生态系统。

来源：生物多样性和生态系统服务全球评估报告，联合国情报中心官方网站。

濒临灭绝危机的生物种类

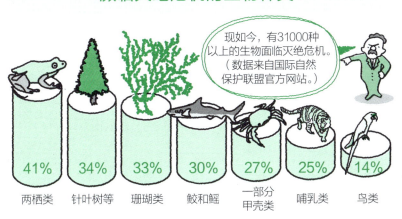

现如今，有31000种以上的生物面临灭绝危机。（数据来自国际自然保护联盟官方网站。）

41%	34%	33%	30%	27%	25%	14%
两栖类	针叶树等	珊瑚类	鲛和鳐	一部分甲壳类	哺乳类	鸟类

灭绝的主要原因

屡禁不止的非法捕猎

威胁生态系统的外来物种

森林砍伐（环境破坏）

人类过度捕捞

目标 16 和平、正义与强大机构

要想打造一个和平、公正的社会，就需要确保和平，以及建立起能够保护所有人的法律、政治机制。

和平和正义是保证全世界所有机制的基础。如今，在全球有约5.35亿个不到15岁的孩子生活在纷争或灾害的影响之下。这个数字占全世界儿童人口的1/4左右。另外，在一些发展中国家，由于无法进行出生登记，有许多孩子无法证明身份，从而无法获得应有的教育和医疗服务。除此之外，根据一项在全球58个国家中进行的调查显示，约17%的孩子们曾遭受过体罚。

追求公平社会，了解世界问题

通过读书来了解世界的问题。

看新闻来了解世界上出现的问题。

和平且正义的社会无法实现，和经营风险其实也是一样的。

世界范围内，有30%的入狱者在没有收到有罪判决的情况下就被拘留。

来源：联合国情报中心，《联合国可持续发展目标（SDGs）事实与数字》。

在全球有约5.35亿个不到15岁的孩子，生活在纷争或灾害的影响之下。

来源：联合国情报中心，《联合国可持续发展目标（SDGs）事实与数字》。

公平、正义是整个社会结构的基石。如果没有公平、正义，那么社会、环境、经济等一切都不会存在，市场也会崩坏。作为企业，应该完成的课题就是彻底推进合规、信息安全，确保个人信息安全、防止贪污。在这些课题当中，要想建立和平且正义的社会，就需要全世界人民共同努力来制作出可以保护所有人的法律和政治机制及公共制度。另外，确保公平、正义是一个十分重要的课题，其中也包含着经营危机。

世界上的孩子们所面临的问题

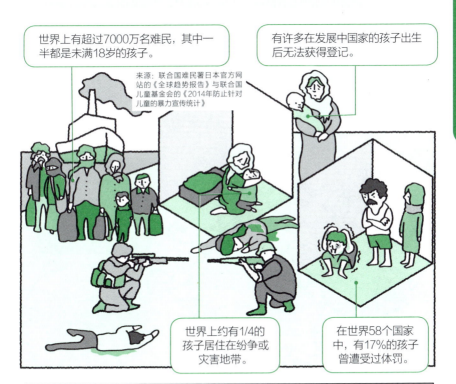

世界上有超过7000万名难民，其中一半都是未满18岁的孩子。

来源：联合国难民署日本官方网站的《全球趋势报告》与联合国儿童基金会的《2014年防止针对儿童的暴力宣传统计》

有许多在发展中国家的孩子出生后无法获得登记。

世界上约有1/4的孩子居住在纷争或灾害地带。

在世界58个国家中，有17%的孩子曾遭受过体罚。

经营危机与矿物纷争

在商业全球化进程中，各个企业的供应链中是否涉及纷争地区或人权践踏呢？关于这一点，也有相关的调查。在非洲等纷争地区，稀有金属的生产不论是在环境方面还是在社会方面都牵扯到了十分深刻的问题，所以稀有金属也被划分成纷争矿物，被加以限制。

目标 **17**

促进目标实现的伙伴关系

要想解决这些课题，就需要国家、企业和个人共同合作，共同走向革新之路。

要想实现联合国可持续发展目标，就需要地球上所有的国家和企业、组织、个人共同拥有以地球为中心的价值观，并精诚团结，共同合作。另外，目标17提出了加强执行手段、重振可持续发展全球伙伴关系的措施，以此来促进前16个目标的实现。

共享价值观、精诚合作

在这个全球化的时代背景之下，经济、社会和环境问题是错综复杂又互相关联的。不论是发达国家还是发展中国家，所有的人都应该共同合作，结成伙伴关系，通过创新来寻找新的解决办法。我们应该以全世界的共同发展方法为目标。这要求企业具备创造力与创新能力。现如今，日本企业正在呼吁"Public Private Action for Partnership"，即官民合作，希望政府、公共团体、企业、组织、大学等所有相关单位通力合作。

以共同发展为目标的伙伴关系

发达国家

发展中国家

我来援助！

感谢帮助！

发达国家对发展中国家的援助，可以让全世界的地球环境处于可持续发展的状态，这是必不可少的，它可以帮助二者以平等的立场共同发展。

发展中国家A

发达国家或国际机构

援助资金等，以及分享技术和知识等

分享价值观。

为了共同发展，让我们来合作吧！

发展中国家B

三角合作
三角合作是指发达国家或国际机构向进行合作的发展中国家提供资金、技术、运营方式等方面的支援。

小要点

近年来，有不少国家开始讨论关于环境和人权等方面的课题，并开始进行ESG投资（p70），即投资对社会有价值的企业。

利益至上主义的弊端
和供应链问题

　　虽说企业的本质就是利益至上，但是如果过度追求利益，就有可能陷入利益至上主义。只要能够赚钱，即便违反道德、违反法律也无所谓。如果陷入这样的状态，就有可能导致各种问题的出现。例如，过度追求利益使环境遭受破坏，地球陷入不可逆的重创；或者让发展中国家的贫困阶层固化，从而无法形成新的市场等。如果放任利益至上主义蔓延，那么企业无疑就是在自掘坟墓。

　　除此之外，一些在发展中国家等地拥有供应链的企业，也面临着同样的问题。例如，为了生产棕榈油，而对热带雨林进行非法砍伐，从而造成环境问题。在生产可可、咖啡、棉花等农作物的地方，也存在着强制劳动、童工等问题。这种拥有供应链的企业，需要把握好"这个商品是在哪里、由谁制作出来的"和"劳动环境是否得到了整顿"等问题，时刻履行自己的社会责任。

　　可持续发展目标指出：从长远的眼光来看，如果不解决这些环境和人权问题，那么经济发展就无法持续。

专业术语解读 2

☑ 关键词

全球性别差距指数   p30

所谓性别差距，指的是由于男女差别而带来的差距。性别差距指数，是展现男女差别的指标，主要根据经济活动、政治参与度、出生率和健康寿命等方面计算得出。该指数每年由世界经济论坛（WEF）发布。根据2019年度发布的报告中可知，在153个国家中，日本排名121位，较之前一年的第110位有下降。

☑ 关键词

国际税收   p40

国际税收指的是随着全球化的发展，将世界看作一个国家，根据地球的规模来统一税制。如果国际税收成立，那么就可以解决漏税现象，从全世界范围内解决税收问题，也可以通过征税这种方式来收集金钱，并建立相应机制来使用税收。国际税收的成立目前已经获得广泛的讨论。如果最终成立，那么就可以取得很大的成果，如获得巨额税收和政策效果，同时也能够让地球社会的运营更加民主。

☑ 关键词

食物浪费   p44

食物浪费指的是原本能吃的食品被废弃。造成食物浪费的主要原因有，食物在小商店没被卖出去；超过了保质期的加工食品；在制造过程中不符合规格的加工食品；餐饮店或家庭中吃剩的食物或剩余的食材等。减少食物浪费是一项世界性的课题，其原因之一就是不好的商业习惯，所以各国现在也在推进新的措施去减少浪费，如改变商业习惯、尝试延长保质期、运用数据来预测出需求量、改善包装等。

☑ 关键词

气候变化   p47

由于种种原因，处于大气平均状态的气候在长年累月的时间里会发生变化。气候变化的主要原因分为自然原因和人为原因。自然原因主要表现为大气自身内部原因、海洋变化、火山喷发导致的悬浮颗粒物（大气中的微粒子）增加、太阳活动变化等。人为原因主要表现为伴随着人类行动而带来的二氧化碳等温室气体增加、悬浮颗粒物增加、森林破坏等。

☑ 关键词

海洋变暖   p49

海洋变暖是指海洋在吸收二氧化碳后变暖。海洋可以吸收由于人类活动而带来的30%的二氧化碳，抑制大气中二氧化碳浓度的上升。但是在吸收了二氧化碳之后，海洋开始变暖。伴随着海水温度上升，海洋扩张与海平面上升会影响海水温度分布和导致洋流发生变化，并在很长一段时期内给气候带来影响。海洋变暖已经成为一项世界性的问题。

☑ 关键词

生物多样性   p50

生物多样性是指某种生物物种、生态系统及世界上多种多样的生物共同存在的状态，以及在从过去到现在的进化过程中多种基因共存的状态。近年来，伴随着海洋污染、酸雨、全球变暖等气候变化、臭氧层破坏带来的紫外线增加、热带雨林等森林砍伐、开发等，野生生物灭绝的进程正在加剧，生物多样性逐渐消失。这是当今的一大问题。

第3章

企业和联合国可持续发展目标（SDGs）的关系

对企业来说，联合国可持续发展目标（SDGs）既是一个巨大的商业机会，也是一个有风险的管理项目。今后，可持续发展目标将成为世界上商业人士进行沟通的通用语，这是商业人士必须从事的一项事业。与此同时，它也会为创新提供机会。

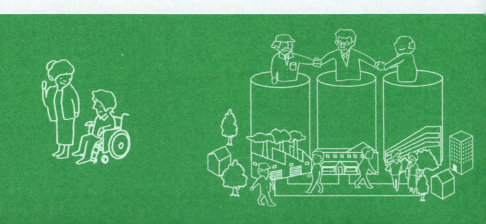

01 企业致力于可持续发展目标会获得什么利益

在未来，企业需要致力于完成可持续发展目标。在这个过程中，企业也能获得利益，那就是发现巨大的商业机遇。

现如今，对可持续发展目标感兴趣的经营者越来越多。这是因为，可持续发展目标在商业发展方面也有其独特的魅力。如果企业不开发新事业，或是无法发展现有业务，就有可能会被股东认为其在走下坡路。在发展新项目的时候，可持续发展目标也会给公司带来很大的好处。即便是在和国外进行商业往来，致力于可持续发展目标也会帮助企业促进相互之间的理解。

对可持续发展目标感兴趣的经营者增多的原因

不论是打入国外市场，还是与国外企业进行交易，可持续发展目标已经成为一项通用语。所以如果致力于可持续发展目标，他人就更容易理解自家公司和自家产品。

不论是开发新事业，还是发展既有事业，与可持续发展目标内容相关的市场获得飞跃性的发展是众望所归的。

> **小要点**
>
> 由于可持续发展目标的目标年份是2030年，所以可以提出一个长期的商业计划。

由于可持续发展目标是让世界人民富裕起来，所以企业如果开展与可持续发展目标相关联的商业内容，也会获得来自社会的广泛支持。与之相反，如果企业采取漠视环境问题和社会问题的态度，将会在网上引起热议，从而无法获得来自消费者的支持。换言之，如果企业不考虑可持续发展目标，将有可能会被这个时代所淘汰。

企业致力于可持续发展目标的意义

应该致力于可持续发展目标！

如今，那些企业活动与可持续发展目标相悖的，有可能会被合作商终止合作。

提升企业形象
致力于可持续发展目标，可以帮助企业创造新的价值，与其他公司拉开差距，也可以给利益相关者留下好的印象。

利益相关者
股东、客户、消费者、公司职员、地区社会、金融机构、政府、媒体等。

可持续发展目标吗……

非营利组织（NPO）　企业

那个企业挺好的。

新的发展机会
以致力于可持续发展目标为契机，到现在为止，可以与许多之前从未打过交道的地区和非营利组织（NPO）等建立起联系，创造新的发展机会。

请问您是否致力于可持续发展目标呢？

能为社会做出贡献。

生存战略
现如今，在全世界范围内致力于可持续发展目标的企业越来越多。未来在商业领域，可能会出现类似规定，如优先与致力于可持续发展目标的企业进行贸易合作。

获取信赖
致力于可持续发展目标，就意味着企业将应对社会性的课题，从而获得地区社会或国际社会的信赖。

02 可持续发展目标的经济效果

在考虑可持续发展目标之上开展商业，可以创造很高的经济价值和新的就业机会。

世界经济论坛（p75）的咨询机构**商业和可持续发展委员会**于2017年发布了一篇关于可持续发展目标的报告《更好的商业、更好的世界》。该报告集中调查了全世界的经营者，预测实现可持续发展目标将可以创造12万亿美元的市场机会，并完成3.8亿个新工作岗位的目标。

可持续发展目标发掘商业机遇

本产品是在充分考虑可持续发展目标之上最终完成的。

商业和可持续发展委员会

调查结果显示，实现可持续发展目标可以创造12万亿美元的市场机会。

太好了，有工作了！

创造经济价值

世界经济论坛的咨询机构商业和可持续发展委员会于2017年发布了一篇关于可持续发展目标的报告《更好的商业、更好的世界》。

预测实现可持续发展目标将完成3.8亿个新工作岗位的目标。

商业和可持续发展委员会认为，有4个领域有着很大的商业机会。这4个领域分别是：粮食和农业、城市、能源和材料、健康和福利。在这4个领域当中，移动服务（p75）、新医疗解决方案及能源效率在2030年将会有更高的市场机会价值（来源：商业和可持续发展委员会，《更好的商业、更好的世界》）。

通过可持续发展目标提升价值的市场是怎样的？

2030年市场价值将会升高的3个领域：第一名是移动系统，第二名是新医疗解决方案，第三名是能源效率（《更好的商业、更好的世界》）。

移动服务

移动服务指的是开发出的无人驾驶汽车等服务。这样可以促进物流领域自动化、减少交通事故和马路杀手等。

新医疗解决方案

新医疗解决方案指的是在医疗领域引入信息技术。例如，将病例档案电子化、在医疗第一线使用人工智能、提高居家诊疗质量等。

能源效率

能源效率指的是改善能源效率的一项工作，其目标在于减少环境的负担。

03 利益相关者和可持续发展目标

投资者、客户和消费者今后会越来越重视可持续发展目标，所以企业自身需要向外发出积极的信号来展示自己已经致力于可持续发展目标。

致力于可持续发展目标的企业，需要向外发出信号，表明自身立场。由于世界上的股东和客户们越来越重视致力于可持续发展目标，所以需要让股东和客户等利益相关者知晓该信息。政府和自治体也对可持续发展目标十分关心，所以公司也应该让这些机构知晓自身立场。

如果不被社会知晓，那么致力于可持续发展目标就没有任何意义

投资者、股东

向企业提供资金的投资者和股东越来越重视可持续发展目标。

我们公司正在致力于可持续发展目标！

主要的宣传方式

1. 经营战略、中长期战略：让自家公司的经营战略与可持续发展目标有所关联。
2. 商品、服务：让商品和服务能够对可持续发展目标的实现有所贡献。
3. 促销、宣传：开展能够帮助实现可持续发展目标的促销或宣传行动。
4. 各种认证标章：灵活运用以国际公平贸易认证标章为首的各种认证标章。

为了给社会发出信号，让社会知晓自家公司正在致力于可持续发展目标，以下推荐4种方法：第一，将可持续发展目标的内容融入经营战略当中；第二，让商品和服务能够对可持续发展目标的实现有所贡献；第三，进行与实现可持续发展目标相关联的促销或宣传行动；第四，灵活运用其他机构发行的各种**认证标章**。结合这4点，各公司就可以很好地将自己的事业内容和立场传达给各位利益相关者。

顾客、消费者

这家公司正在致力于实现可持续发展目标。

由于人们对环境问题、性别平等社会问题的意识逐渐增强，消费者也将倾向于选择致力于可持续发展目标的公司的产品。

政府、自治体

非营利组织（NPO）

我们一起努力吧！

不仅政府和公共团体致力于可持续发展目标的实现，非营利组织也对可持续发展目标抱持着关心的态度。因此，那些正在致力于可持续发展目标的公司，将会更加容易获得合作机会。

工作人员

我们公司正在致力于可持续发展目标！

小要点

所谓利益相关者，指的是和企业等组织有着直接或者间接利害关系的人。对企业来说，利益相关者就是股东、客户、消费者、工作人员、行政机构、金融机构、媒体等。

如果自己就职的公司正在致力于可持续发展目标的话，工作人员也会为自家公司感到骄傲。

来源：电通扬雅株式会社，《SDGs通信指南》（SDGs Communication Guide）。

04 企业社会责任是什么

三重底线、企业社会责任、创造共享价值和可持续发展目标的概念十分相似。那么，它们之间存在什么样的异同点呢？

早在之前，人们就有重视企业社会责任的这样一种思考方式。接下来，我将介绍几个与之相关的概念。1997年，英国学者约翰·埃尔金顿（John Elkington）最早提出了三重底线（TBL）的概念。他认为，评价企业不应该仅仅从经济的方面进行评判，而是应该综合社会、环境方面进行综合评价。接下来，进入21世纪后，尽管没有正式的定义，但是经常被提到的就是CSR（Corporate Social Responsibility），翻译为企业社会责任。从2003年起，日本开始使用这一说法。这将为企业和社会建造一个连接点。2010年，国际标准化组织（International Organization for Standardization）建立了企业社会责任的全球指导标准ISO 26000（p75）。

可持续发展目标与企业社会责任和创造共享价值的关系

企业社会责任（CSR）

ISO 26000的确立意味着企业社会责任的定义也不再是慈善活动或社会贡献活动，而是企业应该以社会责任为本职。理由有三：第一，慈善活动会受到收益的影响，没有持续性；第二，慈善活动不能成为企业逃避社会责任的避风港；第三，如果将社会责任作为本职工作，就会为社会带来创新。

ISO 26000（国际标准）

明确展示了企业社会责任的定义，明确了企业需要做的事情。推荐、奖励企业致力于可持续发展目标的实现。

小要点

在ISO 26000出台之前，CSR（企业社会责任）还不是企业的本职，而是代表着进行慈善活动、志愿服务等活动来为社会做贡献。

三重底线（TBL）

约翰·埃尔金顿

TBL为Triple Bottom Line的缩写。所谓Bottom Line，指的是企业的最终受益，三重底线则指的是从经济、社会和环境等方面综合评价一个企业。该概念在1997年由英国学者约翰·埃尔金顿提出。

企业社会责任和三重底线相结合，产生了一个新的关于企业和社会的概念，即创造共享价值（Creating Shared Value，简称CSV）。该概念由迈克尔·波特等人于2011年提出。它的目标是企业同时追求经济效益和社会价值。在思考可持续发展目标之时，了解这些概念是十分重要的。尤其是因为将可持续发展目标和企业社会责任对照，重视企业的价值创造，就能够将创造共享价值付诸实践。

迈克尔·波特

创造共享价值
（CSV）

在创造经济价值的同时，考虑社会需求，就可以创造社会价值。

CSV为Creating Shared Value的缩写，中文意思为创造共享价值。该概念由美国经济学者迈克尔·波特（p75）等人于2011年提出。该概念以企业同时创造社会价值和经济收益为目标，同时也重视经济方面的价值。

联合国可持续发展目标（SDGs）是一项具有普遍性的事业，它不仅仅着眼于发展中国家，还囊括了发达国家。

联合国可持续发展目标（SDGs）

小要点

　　针对创造共享价值商业战略，企业既可以采取进攻型的战略方式，将可持续发展目标作为商业机遇来加以挖掘，也可以采取保守型的战略方式，即危机管理。

　　可持续发展目标是2015年联合国提出的目标，也可以成为一个面向2030年的指南针，指导帮助企业结合企业社会责任和创造共享价值。

05 可持续发展目标带来的商业机遇

可持续发展目标在商业方面同样能够带来利益。在4大领域中的60个小领域里，也存在着巨大的商业机遇。

我曾在本章的第2节中提到过，世界经济论坛的咨询机构商业和可持续发展委员会曾发布报告，认为在以下4个领域当中有着很大的商业机会，将创造很高的经济价值。这4个领域分别是：粮食和农业、城市、能源和材料、健康和福利。另外，商业和可持续发展委员会认为在这4个领域当中，有60个小领域也有着很大的商业机遇。

60个小领域出现的商业机遇

❶粮食和农业
减少价值链（p75）中的食品浪费、森林生态系统服务、低收入食品市场、减少消费者食品浪费行为、产品重组、大型农场技术、饮食转换、可持续发展水产养殖、小型农场技术、灌溉、恢复退化的土地、减少包装浪费、扶持乳农、都市农业。

使用无人机洒农药

超市

本店已停止提供塑料袋。

我们的办公室是多人共享的。

办公室

❷城市
实惠的住房、建筑能源效率、电动和混动车辆、城区公共交通、拼车、道路安全设备、自主汽车、ICE（内燃机）车辆燃油效率、构建韧性城市、海绵城市、文化旅游、智能计量、水和卫生基础设施、办公室共享、木材建筑、耐用和模块化建筑。

这4个领域中，每一个领域都有一些代表性的子领域。例如，粮食和农业领域呼吁农业的发展需要使用信息技术等科技；城市领域当中则提到了建筑能源效率；能源和材料领域提到了可再生能源；健康和福利领域提到了远程病人监护等。公司究竟应该从60个领域中选择哪些领域展开商业活动呢？这既关乎着竞争战略，也吸引着如今的投资者们的目光。

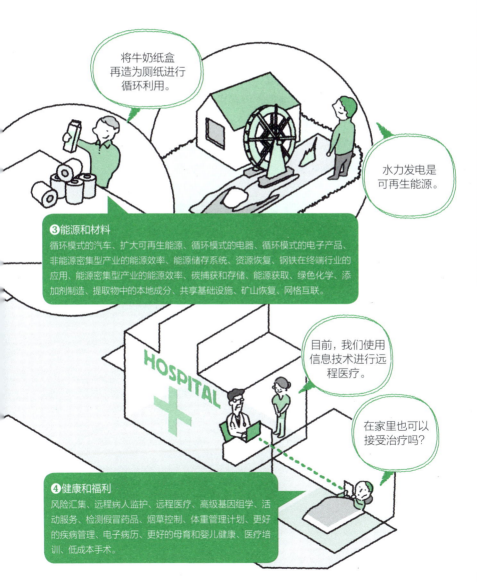

将牛奶纸盒再造为厕纸进行循环利用。

水力发电是可再生能源。

❸能源和材料
循环模式的汽车、扩大可再生能源、循环模式的电器、循环模式的电子产品、非能源密集型产业的能源效率、能源储存系统、资源恢复、钢铁在终端行业的应用、能源密集型产业的能源效率、碳捕获和存储、能源获取、绿色化学、添加剂制造、提取物中的本地成分、共享基础设施、矿山恢复、网格互联。

目前，我们使用信息技术进行远程医疗。

在家里也可以接受治疗吗？

❹健康和福利
风险汇集、远程病人监护、远程医疗、高级基因组学、活动服务、检测假冒药品、烟草控制、体重管理计划、更好的疾病管理、电子病历、更好的母育和婴儿健康、医疗培训、低成本手术。

06 ESG投资是什么

在经历了金融危机之后，投资者们变得重视环境问题和社会问题等，并正在加速投资的流程。

在投资的世界中，有这样一种投资理念，即ESG投资，指的是投资方在选择投资企业的时候，会关注环境、社会和企业管理绩效。毋庸置疑，投资当然是需要确认企业的财务状况，但是也会探讨与财务状况无关的信息，如这家企业是否在认真管理、是否致力于环境问题和社会问题的改善等。进行ESG投资的投资者们十分重视企业是否致力于可持续发展目标，这也会推进可持续发展目标的实现。

考虑ESG的投资方法

ESG投资，即关注环境、社会和企业管理绩效的投资方式。

E 环境（Environment）
是否使用可再生能源、是否削减二氧化碳排放量等，即关注企业是否关心环境。

S 社会（Social）
是否改善劳动环境、是否促进女性活跃于职场、是否对地区活动做出贡献等，即关注企业是否做出社会贡献。

G 企业治理（Governance）
董事长的决策方式是否遵守法令、是否积极进行信息公开、是否建立相应机制预防企业丑闻等，即关注企业的管理是否合理。

之前有一个和ESG很相似的投资方式，即SRI（社会责任投资）。这种投资方式就是基于我们在第4节中也介绍的CSR（企业社会责任）来选择投资对象。这种方法使重视非财务信息的负面筛选（Negative Screening）变得更加重要。而ESG投资重视环境、社会和企业管理绩效，从长远的目光来审视是否会有回报，并将这种长远目光融入投资行动中去，这会起到积极推动企业发展的效果。

ESG投资正在投资圈里掀起巨大的浪潮。它的背景就是对2008年世界金融危机雷曼事件的反思。由于短期投资引起金融危机，所以投资者开始将目光转到了ESG上。投资方在决定是否投资的时刻需要考虑ESG，这就是负责任投资原则（PRI）。该原则于2006年由联合国公布，但是在雷曼事件之后才获得了迅速发展。

ESG投资获得关注的背景

完了……

2008年，由于美国证券公司雷曼兄弟申请破产，导致了全球规模的金融海啸，这就是雷曼事件。在反省了此次金融危机后，世界投资人开始重视长期且可持续的投资，并开始关注ESG投资。

2006年，当时的联合国秘书长科菲·安南面向投资者们发布了负责任投资原则（PRI），希望投资者们在选择投资对象的时候可以重视对ESG的考量。截至2018年，全世界共有2232个机构署名支持ESG投资。

让我们一起来关注ESG吧。

我们就这么做吧！

科菲·安南
联合国秘书长
（第七任）

负责任投资原则（PRI）六项原则

❶ 将环境、社会和企业管理（ESG）问题纳入投资分析和投资决策过程中。
❷ 做积极的资产所有者，将ESG问题纳入所有权的政策和实践中。
❸ 对于投资的对象寻找适度的关于ESG问题的披露。
❹ 在投资业内推动对这些原则的认可度和实施力度。
❺ 共同携手，提高这些原则的执行力度。
❻ 分享贯彻和执行这些原则的活动和进程的报告。

07 ESG投资的7种策略

ESG投资当中，使用以下7种策略，可以获得更大的收益。

ESG投资当中，为了获取大于市场平均值的收益，需要灵活使用7种投资策略。第一是**负面筛选法**，即将与武器、赌博等相关的企业筛除出去。第二是同类最佳法，即投资积极致力于ESG的公司。第三是依公约筛选（p75），将不符合ESG国际公约标准的公司筛除出去。

以高收益为目标的7种策略

负面筛选法

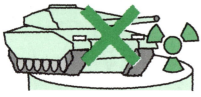

不投资与武器、赌博、烟草、化石燃料、核能等相关的企业。

同类最佳法

电动汽车领域

投资致力于ESG且评价高的未来发展预期好的企业。

依公约筛选

不投资不符合ESG国际公约标准的公司。

这家企业在破坏环境……

在ESG领域当中，所谓国际公约，指的是联合国全球契约（UNGC）和联合国可持续发展目标（SDGs）等。

第四点是ESG融入法，即考虑ESG信息来分析投资对象。第五点是可持续主题投资法，即投资清洁能源等。第六点是影响力投资和社区投资。前者指的是投资致力于社会问题和环境问题的企业；后者则是投资积极致力于解决社会弱势群体问题的企业。第七点是积极股东法，即作为股东积极推动企业的ESG事业。

ESG融入法

虽然财务方面比较一般，但是ESG上做得非常好呢。

不单单考虑企业的财务状况，也考虑ESG信息来分析投资对象。

可持续主题投资法

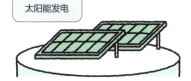

太阳能发电

投资与可持续发展相关联的行业，如清洁能源等。

影响力投资和社区投资

那家公司正在推进性别平等呢。

投资致力于社会问题和环境问题及积极致力于解决社会弱势群体问题的企业。

这里介绍的7个策略当中，负面筛选法和ESG融入法是比较常用的方式。与之相对，可持续主题投资法和影响力投资、社区投资目前还没有广泛使用。

积极股东法

请更加深刻地考虑ESG!

要求投资对象通过在股东大会上行使表决权、要求公开信息等方式来致力于ESG事业。

ESG 投资改变未来

　　所谓ESG，即由环境（Environment）、社会（Social）和企业治理（Governance）三个单词的首字母得来。所谓ESG投资，指的是在投资之际，不仅考虑公司的财务状况，也要考虑到上述三种因素。2006年，当时的联合国秘书长科菲·安南提倡负责任投资原则（PRI），以此为契机，ESG投资开始在世界范围内流行。

　　如果ESG投资的资金增加，那么企业为了获得投资者的青睐，就会更加努力地致力于解决环境或人群问题，并会努力将公司改变成创造社会价值的公司。例如，公司致力于寻找出解决全球变暖的解决对策，创造出能够让女性员工活跃的职场等。企业的这些努力是和环境保护、人权保护相关联的，可以让社会往更好的方向发展。这也将惠泽到普通市民，更与实现可持续发展目标直接挂钩。

　　另外，让我们将目光转到日本。如果日本企业积极致力于ESG，那么国际评价就会提高，或许日本股票的魅力也将随之获得提升。可以说，在考虑地球的未来时，让环境、社会和经济处于良性循环的ESG投资已经是当仁不让的一种选择了。尤其是在确认ESG投资中的3项的时候，就可以判断企业是否致力于可持续发展目标的达成，所以从股价的角度来说，可持续发展目标所发挥的作用也越来越重要。

专业术语解读 3

☑ 关键词
世界经济论坛　p62

世界经济论坛是致力于解决世界经济、地区经济领域存在的问题，促进国际政治、经济、学术等方面的合作交流的独立非官方国际机构，总部设在瑞士日内瓦，1971年由克劳斯·施瓦布创建。每年1月下旬于瑞士的达沃斯召开总会，即达沃斯论坛。会议上，2500人左右的知识分子、新闻工作者、各国企业经营者、国际政治领导者等共聚一堂。

☑ 关键词
移动服务　p63

所谓移动，在信息技术行业，多指电子信息设备、通信服务等在移动或外出的时候可以使用的高水平服务，而移动服务指的则是这个体系。现在，日本正在推进具有兼容性的信息通信科技（ICT）平台技术，这会让无人驾驶汽车、小型无人机等多种用途的信息通信科技系统的高密度且安全的防御成为可能。

☑ 关键词
ISO 26000　p66

国际标准化组织制定的ISO 26000是关于企业社会责任（CSR）的标准。根据这一标准，企业社会责任的含义随之改变，代表着企业所做出的决策和活动应该通过透明且合理的行动，并承担起责任。该标准强调企业对可持续发展的关注、强调对利益相关方的关注、强调遵守法律法规、强调进行企业整体的且在企业之间开展实践活动。总而言之，企业应以社会责任为本职工作。

☑ 关键词
迈克尔·波特　p67

迈克尔·波特是哈佛大学商学院教授，公认的商业管理研究第一人。他大力提倡总成本领先战略、差异化战略、专一化战略等竞争战略，与哈佛大学其他教授共同创建战略咨询公司摩立特集团。他的代表著作《竞争战略》已是商业战略中的经典，至今仍被诸多商业人士奉为至宝。

☑ 关键词
价值链　p68

价值链是指从原材料的购买到顾客获取产品服务，根据不同的业务将企业活动以功能单位进行分类的思考方式，其以提高业务效率、强化竞争力等为目标。详细调查各种业务功能可以帮助企业更好地做出经营判断，如应该强化哪些业务、应该外包哪些业务等。另外，它也可以帮助企业更加容易找出亟待解决的课题，以及构筑差异化战略来提高竞争优势等。

☑ 关键词
筛选（Screening）　p72

在选择股票投资品牌的时候，根据某项基准来选择进行投资的品牌。举个例子，如果想要投资比较便宜且安全的股票，就要将本益比（PER）或股价净值比（PBR）等估测股票价格程度的指标和评估股票持有人资本比率等安全性的指标相结合，最终选择要购买的股票。现在，也可以在网络上通过选择各种指标来进行简单筛选，帮助大众选择适合自己投资想法的品牌。

4

第 **4** 章

如何构建与可持续发展目标相融合的商业（SDGs 商业）

在本章中，我们将会提到将可持续发展目标应用在商业当中的具体方法。由于可持续发展目标与地球上的各种问题息息相关，所以企业也可以从各种不同的角度来发展新事业。除此之外，企业可以借助一直以来都在采用的企业社会责任（CSR）体系来帮助推动创造共享价值（CSV）。

01 《（联合国可持续发展目标）企业行动指南》是什么

《（联合国可持续发展目标）企业行动指南》（以下简称《企业行动指南》）是导入可持续发展目标的指南。该指南介绍了5个步骤，具体介绍了每个阶段应该做什么。

我们已经知道了可持续发展目标有许多社会意义，也会带来商业上的利益。但是，有很多企业并不知道应该如何去致力于可持续发展目标，也不知道如何将可持续发展目标融入事业和经营战略当中。那么这个时候，能够为这些企业提供帮助的就是《（联合国可持续发展目标）企业行动指南》（p107）。该指南由联合国全球契约组织（UNGC）等3个国际组织共同设立，从5个具体的步骤出发，为企业导入可持续发展目标给予指导。

《企业行动指南》介绍的5个步骤

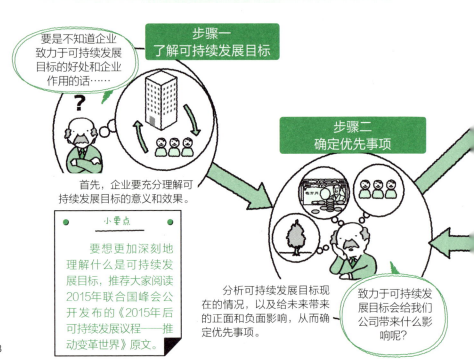

要是不知道企业致力于可持续发展目标的好处和企业作用的话……

步骤一
了解可持续发展目标

首先，企业要充分理解可持续发展目标的意义和效果。

步骤二
确定优先事项

分析可持续发展目标现在的情况，以及给未来带来的正面和负面影响，从而确定优先事项。

致力于可持续发展目标会给我们公司带来什么影响呢？

小要点

要想更加深刻地理解什么是可持续发展目标，推荐大家阅读2015年联合国峰会公开发布的《2015年后可持续发展议程——推动变革世界》原文。

《企业行动指南》原本是面向跨国企业制定的，但是也可以活用于中小企业和其他组织。除此之外，它不仅可以用于企业整体事业或战略，也能够应用于个别产品或部门层面，是一个具备着广泛应用性的指南。通过仔细划分5个步骤，公司活用可持续发展目标的道路也会随之更加明确。

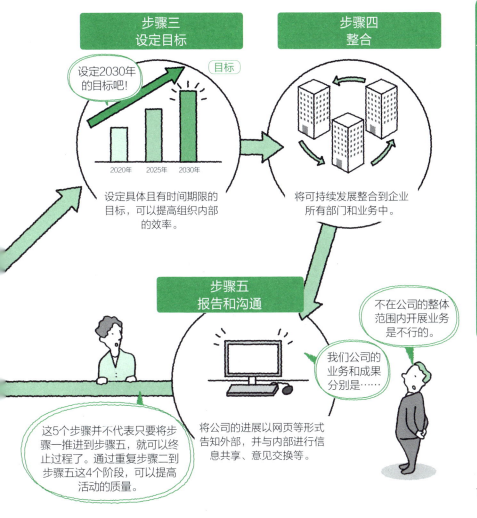

步骤三
设定目标

设定2030年的目标吧！

目标

2020年　2025年　2030年

设定具体且有时间期限的目标，可以提高组织内部的效率。

步骤四
整合

将可持续发展整合到企业所有部门和业务中。

步骤五
报告和沟通

不在公司的整体范围内开展业务是不行的。

我们公司的业务和成果分别是……

将公司的进展以网页等形式告知外部，并与内部进行信息共享、意见交换等。

这5个步骤并不代表只要将步骤一推进到步骤五，就可以终止过程了。通过重复步骤二到步骤五这4个阶段，可以提高活动的质量。

02 《（联合国可持续发展目标）企业行动指南》步骤一 理解联合国可持续发展目标

通过了解联合国可持续发展目标，人们可以看清可持续发展目标对企业是机会与风险并存。

在这5个步骤当中，第一个步骤就是"了解可持续发展目标"。首先，让我们一起去了解以下问题：联合国可持续发展目标是在什么样的背景下出现的？为什么企业必须致力于联合国可持续发展目标？在理解了这些问题之后，重点就在于如何减少企业活动带来的负面影响，以及思考我们应该如何致力于可持续发展目标，才能够给我们带来利益。

导入联合国可持续发展目标对企业发展产生什么效果？

可持续发展目标的好处多得像一座宝山！

效果❶
能够看清未来的商业机会

致力于联合国可持续发展目标，与解决社会需求是息息相关的。思考能够为可持续发展目标做出贡献的商业，也与开拓具备新的商业机会的市场息息相关。在上一章中我也曾介绍过60个拥有巨大可能性的领域。

好想在这家公司工作啊！

效果❷
企业的可持续性价值提高

通过致力于联合国可持续发展目标，企业的价值也会有所提高，最终就可以更好地留住对环境和人权有着极高意识的年轻人才。另外，企业职工能够带着自豪的感情工作，这也会帮助提高员工劳动欲望和企业生产力，还可以获得来自关心人权和环境的消费者的支持。

对于可持续发展目标，全世界的各个国家必须拧成一股绳，齐心协力共同完成。同时，我们也在期待着企业也能够致力于联合国可持续发展目标。虽说这是自主自愿的行为，但是世界上的企业能够以怎样的速度去构建起一个对可持续发展目标做出贡献的商业模式，也在很大程度关乎着目标的实现。理解可持续发展目标和企业构建商业战略也是息息相关的。

用共同语言强化伙伴关系

效果❸
能够和相关人士建立起信任关系
通过致力于联合国可持续发展目标，企业可以和顾客、公司职员、行政、地区人民等利益相关者建立良好的关系。信任关系获得强化，自家企业的活动也会更加容易获得来自社会的认可。

那家公司好像很积极地致力于联合国可持续发展目标呢！

有闲钱了，所以一起来培育一个稳定的新商业吧。

效果❹
稳定社会和市场
联合国可持续发展目标让世界市场不断扩大。遵守公正的规则、消除男女差距、提高女性地位等可以帮助市场获得新发展。

效果❺
使用共同语言和共享目的
可持续发展目标是全社会的共同目标，企业可以通过和政府、市民团体、其他企业等共享课题和目标，来强化相互之间的合作。

《（联合国可持续发展目标）企业行动指南》步骤二 确定优先事项

要想解决可持续发展目标中的优先事项，就需要企业把握好可持续发展目标带来的正面影响和负面影响。

可持续发展目标一共有17个，但是对不同的企业来说，每一条目标的重要程度都是不尽相同的，需要企业明确每个目标会给自己带来的贡献和风险程度。企业要评估自身整体业务在价值链（以功能来区分企业的不同业务）上的正面影响和负面影响，从而锁定能够给自己带来最大利益的领域。

价值链和逻辑模型

价值链变换实例

所谓价值链，指的是从原材料的购买到顾客获取产品、服务，将这一系列的业务流程以功能来区分的思考方式。在这里，指的是分析各个事业对可持续发展目标带来的正面和负面影响。

支撑价值链的基石（创造有工作价值的职场、合规等）

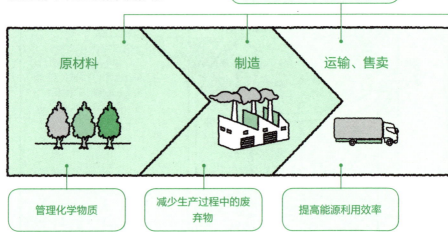

原材料 —— 管理化学物质

制造 —— 减少生产过程中的废弃物

运输、售卖 —— 提高能源利用效率

通过分析价值链，企业就可以明确应该在哪个领域致力于可持续发展目标。在此基础上，企业可以通过活用**逻辑模型**这一框架来收集本企业对可持续发展目标有影响的数据。以这个指标为根据，企业就可以把握自己对可持续发展目标的影响，并在考虑企业的成本和风险之后确定本企业致力于可持续发展目标的优先事项。

逻辑模型的例子

逻辑模型可用于帮助把握企业活动的完成度。

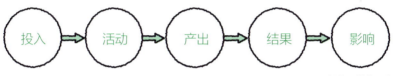

投入	活动	产出	结果	影响
在投入的资源当中，有没有会影响到可持续发展目标的内容，如净水片剂的研究费用、制造费用等。	可以进行怎样的活动，如净水片剂的售卖。	该活动出现了售卖，如净水片剂的销售数量、消费者信息等。	给售卖对象带去了什么变化，如净水片剂净化后的水使用量。	其结果带来了什么样的变化，如与净水片剂售卖前相比，感染症的比例下降了多少等。

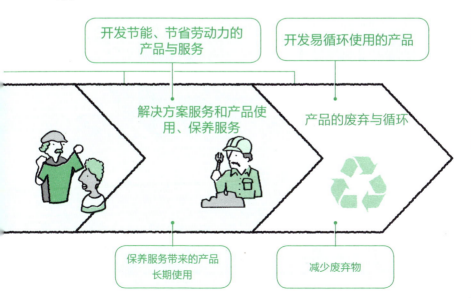

开发节能、节省劳动力的产品与服务

开发易循环使用的产品

解决方案服务和产品使用、保养服务

产品的废弃与循环

保养服务带来的产品长期使用

减少废弃物

《（联合国可持续发展目标）企业行动指南》步骤三 设定目标

根据步骤二的结果来设定第三阶段的目标。设定积极的目标可以提高优先事项的完成度。

要想提高优先事项的完成度，就需要确定一个具体且有时间期限的目标。这个目标的设定需要经历4个过程。第一个过程就是设定目标范围，选择关键绩效指标（Key Performance Indicator，简称KPI）。第二个过程就是设定基准值、选择目标类型。第三个过程就是设定目标水平。第四个过程就是公开发布对可持续发展目标的责任承诺（Commitment）。

4个过程设定目标

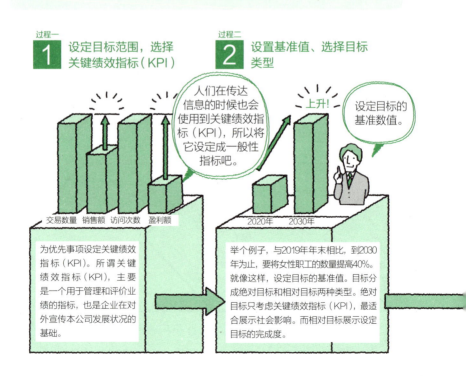

过程一
1 设定目标范围，选择关键绩效指标（KPI）

人们在传达信息的时候也会使用到关键绩效指标（KPI），所以将它设定成一般性指标吧。

交易数量 销售额 访问次数 盈利额

为优先事项设定关键绩效指标（KPI）。所谓关键绩效指标（KPI），主要是一个用于管理和评价业绩的指标，也是企业在对外宣传本公司发展状况的基础。

过程二
2 设置基准值、选择目标类型

上升！

设定目标的基准数值。

2020年 2030年

举个例子，与2019年年末相比，到2030年为止，将要女性职工的数量提高40%。就像这样，设定目标的基准值。目标分成绝对目标和相对目标两种类型。绝对目标只考虑关键绩效指标（KPI），最适合展示社会影响。而相对目标展示设定目标的完成度。

这里提到的目标，是以上一节中提到的步骤二的评价影响与优先事项为基础的。企业在把握好致力于可持续发展目标的企业活动的正面影响和负面影响后，这一阶段的目标就是将负面影响降到最低，并且将正面影响最大化。组织全体共同分享这一目标，就可以提高整体的效率。

由外向内（Outside in Approach）（p107）

企业以自家公司为中心的思考方式（Inside out Approach）是无法解决世界问题的。在致力于可持续发展目标的时候，需要由外向内的思考方式，从世界性、社会性的视角来进行思考，并积极地设定目标，这才是最为合适的。在决定事业目标的时候，基于社会需求及科学的外部数据也是非常重要的。

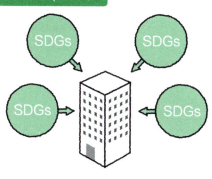

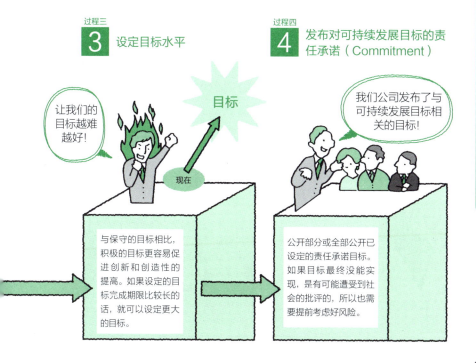

过程三

3 设定目标水平

让我们的目标越难越好！

目标

现在

与保守的目标相比，积极的目标更容易促进创新和创造性的提高。如果设定的目标完成期限比较长的话，就可以设定更大的目标。

过程四

4 发布对可持续发展目标的责任承诺（Commitment）

我们公司发布了与可持续发展目标相关的目标！

公开部分或全部公开已设定的责任承诺目标。如果目标最终没能实现，是有可能遭受到社会的批评的，所以也需要提前考虑好风险。

05 《（联合国可持续发展目标）企业行动指南》步骤四 整合

要想实现目标，就需要经营者们发挥领导能力，带动整个企业致力于可持续发展目标，同时也需要整顿企业内的责任体制。

　　要想完成在步骤三中设定的目标，就需要将其融入中长期目标中去，同时企业的各个业务、各个部门都要投入其中。因此，各个部门和每位员工都需要理解企业是为了什么致力于可持续发展目标，为了实现目标应该做些什么，并且需要在组织内部固定这一目标。明确企业的愿景和目的也是一个很有效的方法。

在组织内落实可持续发展目标

案例
本年度企业经营课题
关键绩效指标（KPI）：为可持续发展
目标中的目标12做出贡献

• 阶段性地减少产品中的有害化学物质（p107），4年内完全消除。
• 本年度查清所有有害化学物质，在条件允许的范围内停止使用。准备代替物质。

这是一家涉及化学物质的公司案例。以少数资源生产出优质且大量的产品是他们的奋斗目标。他们为了贡献于联合国可持续发展目标的目标12，负责任地消费和生产，讨论经营课题。另外，这里所说的"有害化学物质"是根据国内外专家的意见指定的，所以也包含不被法律禁止的物质。

想要让整个企业都致力于可持续发展目标，就需要经营者们积极发挥领导能力。要想让可持续发展目标在组织内部固定并落实，就需要企业内部达成共识，即可持续发展目标可以提高企业的价值。有很多企业都有各个部门组成的委员会或项目小组。另外，对完成目标做出贡献的部门或个人做出评价反馈，也会帮助该目标在组织内部落实。

各部门的权限委任项目

研发部门

供应链管理部门

在找出产品当中的有害物质后，在本年度找出可替代物质来代替有害化学物质的使用。

将采购来的产品、零部件中的有害化学物质全部找出来，在条件允许的范围内，于本年度开始禁止使用。

对应的目标

各负责人的权限委任项目

研发人员

采购负责人

在找出自己所负责的产品中的有害物质后，在本年度找出可替代物质，来代替有害化学物质的使用。

从本年度开始，对全部的采购商彻底贯彻禁止采购产品中的有害化学物质的方针。

《（联合国可持续发展目标）企业行动指南》步骤五 报告和沟通

要想实现目标，重点在于向公司内部和外部报告进展。合格的报告会为企业带来好处。

企业在致力于可持续发展目标之中，最为重要的就是向公司内部和外部报告完成进展情况。通过让他人知晓目前企业处在什么样的情况及目标的实现度是多少等，提高消费者、投资者及相关人员对企业的信任度。这种信息的分享可以提高企业致力于可持续发展目标的动力和社会评价，同时也可以帮助企业获得更多投资，是一种具有战略眼光的方法。

报告时需要确认的7点

确认清单

☐ 本公司的产品、服务和投资对人或环境带来的显著影响。

☐ 分析上述影响会为设定可持续发展目标优先事项带来什么影响。

☐ 利益相关者的反馈会给结论的得出带来什么影响。

☐ 公司的战略需要包括为可持续发展目标优先事项而设定的目标和指标。

☐ 为解决自家公司导致或助长的负面影响事例，或者为帮助受到人权侵犯的人们而采取的行动。

☐ 以可持续发展目标优先事项为目标，展示自家公司如前进或后退的指标和数据。

☐ 未来发展计划。

提前确认这些内容，就可以做一个好的报告了！

来源：GRI、UNGC《实用指南：整合SDGs与企业永续报告书》。

要做一个有效的报告书，就需要遵从4个C原则。这4个C分别是Concise（简洁）、Consistent（连贯性）、Current（现在）、Comparable（可比较的）。另外，报告书中所涉及的内容需要参考"本公司的产品、服务和投资对人或环境带来的显著影响"等上述7条确认清单。

4个C是什么？

简洁（Concise）

我们公司在做××！

很容易理解！

避免繁杂且信息点过多，要保证简洁。将主要目光聚集在应该优先去做的、重要的信息上。

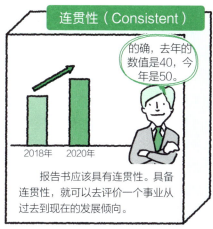

连贯性（Consistent）

的确，去年的数值是40，今年是50。

2018年　2020年

报告书应该具有连贯性。具备连贯性，就可以去评价一个事业从过去到现在的发展倾向。

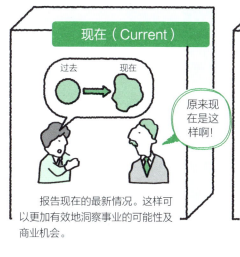

现在（Current）

过去　　现在

原来现在是这样啊！

报告现在的最新情况。这样可以更加有效地洞察事业的可能性及商业机会。

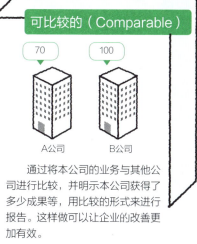

可比较的（Comparable）

70　　　100

A公司　　B公司

通过将本公司的业务与其他公司进行比较，并明示本公司获得了多少成果等，用比较的形式来进行报告。这样做可以让企业的改善更加有效。

来源：联合国全球契约（UN Global Compact）、全球报告倡议组织 GRI（global reporting initiative）《可持续发展商业报告之回应投资者需求》（2018）。

第4章　如何构建与可持续发展目标相融合的商业（SDGs 商业）

07 用PDCA循环来思考可持续发展目标

广泛应用改善管理的PDCA循环，也可以在企业致力于可持续发展目标之际发挥其作用。

为了致力于可持续发展目标的企业，2018年，日本环境省发布了《可持续发展目标（SDGs）活用指南》。该指南介绍了如何利用PDCA循环（p107）去实现可持续发展目标。所谓**PDCA循环**，就是不断重复计划（Plan）、执行（Do）、检查（Check）、处理（Act）这4个过程并改善业务，主要用于生产管理和质量管理等管理业务当中，是一种广为人知的手法，也可以用于可持续发展目标的实践当中。

运用PDCA循环致力于可持续发展目标

步骤 1 做出决策

作为领导，我要努力!

共同商议、共享想法

在决定致力于可持续发展目标之前，企业内部需要拥有对可持续发展目标的共识，并创建项目小组。要再次确认企业理念、共享未来愿景及经营者的理解和决策者、负责人（key person）的决策等，将这些与团队结合到一起。

步骤 2 事业计划（Plan）

嗯……

这样推进您看怎么样?

整理事业的推进方式与社会之间的关系

整理本企业现在所经营的事业与社会贡献活动，重新进行课题整理，再次确认目前所做的内容。寻找本企业活动内容的缺失之处，并考虑这些能否和可持续发展目标结合在一起。

在致力于可持续发展目标时，当然需要不断重复从计划到处理这4个阶段。但是在计划阶段，企业需要寻找本企业活动内容的缺失之处，并考虑这些能否和可持续发展目标结合在一起。这也是PDCA循环的一大特点。通过整理企业的事业内容，寻找到与可持续发展目标的结合点。

步骤 5 总结教训与改善（Act）

向外部做出宣传与展开下一步

整理所做的工作之后，就需要结合商业机会，向外部发出相关信号。以所做事业的评价为基准整理本企业所做的一系列工作，并考虑企业活动与可持续发展目标的关系，思考下一步的展开。

今后我想这样去推进。

步骤 3 讨论具体的做法与执行（Do）

您觉得如何呢？

嗯。

确认具体做法与资金筹措

确定致力于可持续发展目标的方法，考虑资助或融资等资金筹措方法。确定目的、内容、目标、负责部署等内容，制订行动计划，获得企业内部的理解和协助。

步骤 4 确认实施状况与评价（Check）

这个月……

实施具体做法、评价其结果

获取开始前后及进行过程中的记录，制作报告。

08 如何将可持续发展目标落实到企业战略当中

使用逻辑模型，借助图示可以更加清晰明了地理解事业开展过程，也可以开始讨论融合可持续发展目标的商业。

在本章第3节中，我们已经介绍过**逻辑模型**（p107）是从事可持续发展目标事业的一项重要方式。所谓逻辑模型，指的就是用图片的方式展示一个事业或政策从开始到结束的逻辑上的因果关系。它可以展示即将开始进行的事业或政策将会在什么样的道路上获取什么样的目标，也可以说是战略展示。

用逻辑模型来思考可持续发展目标商业

使用当地伐材制成木制品

在这里，我们以使用当地伐材制成木制品为例，制作了一个逻辑模型。使用当地木材在当地进行生产和售卖，可以帮助提高地区整体的收入。

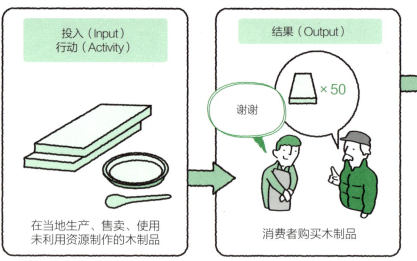

投入（Input）
行动（Activity）

在当地生产、售卖、使用
未利用资源制作的木制品

结果（Output）

谢谢

×50

消费者购买木制品

逻辑模型也可以用于致力于可持续发展目标的商业当中。在这种情况之下，以"投入"为起点，设置想要开发的商品或服务，在最终"结果"阶段设置客户的购买。将期待的变化等设置到代表最终成果的"结果"阶段，将可持续发展目标设置到"影响"阶段，并以这种形式最终完成逻辑模型。

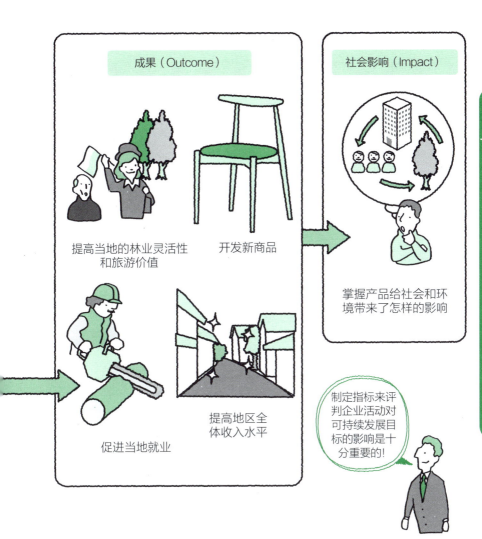

成果（Outcome）

提高当地的林业灵活性
和旅游价值

开发新商品

促进当地就业

提高地区全
体收入水平

社会影响（Impact）

掌握产品给社会和环
境带来了怎样的影响

制定指标来评
判企业活动对
可持续发展目
标的影响是十
分重要的！

09 用反推法来思考

可持续发展目标已经设定好了未来的目标，那么使用反推法，从未来开始反推，是最合适的思考方式了。

　　要想解决问题，有两种思考方式，一是**预测法**，另一个是**反推法**。预测法指的是以现在为起点去预测将来的事情。例如，"我现在体重100千克，一个月之后要减掉2千克。"这种思考方式就是预测法。与之相对，反推法指的则是以未来为起点，如"我希望一年后的体重达到76千克，所以反推下来，需要每个月减少2千克"。

预测法和反推法

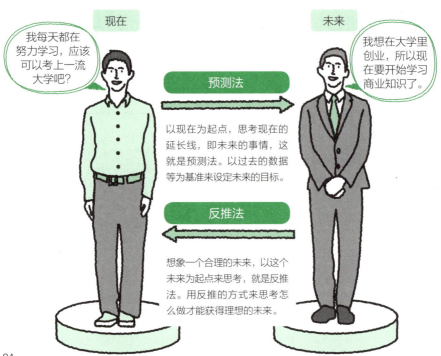

现在

我每天都在努力学习，应该可以考上一流大学吧？

未来

我想在大学里创业，所以现在要开始学习商业知识了。

预测法

以现在为起点，思考现在的延长线，即未来的事情，这就是预测法。以过去的数据等为基准来设定未来的目标。

反推法

想象一个合理的未来，以这个未来为起点来思考，就是反推法。用反推的方式来思考怎么做才能获得理想的未来。

由于可持续发展目标的目标年份是2030年，所以使用反推法，设定一个应有的未来，再来思考为了实现那个未来应该做些什么，这是最为合适的方法。在不断变化的现代社会，比起使用过去的数据来预测，从想要的未来为起点进行反推来选择合理方式的反推法，才更有可能带来创新。

反推法模型用于控制气温上升

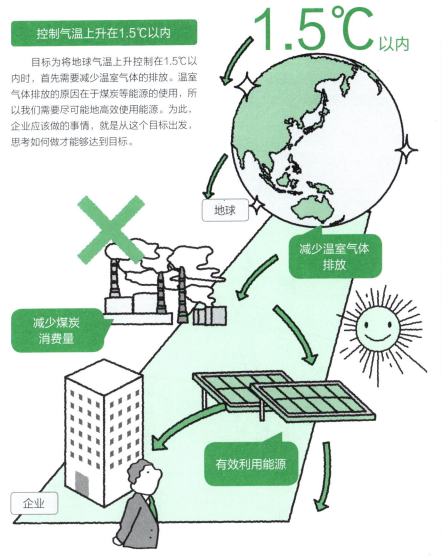

控制气温上升在1.5℃以内

目标为将地球气温上升控制在1.5℃以内时，首先需要减少温室气体的排放。温室气体排放的原因在于煤炭等能源的使用，所以我们需要尽可能地高效使用能源。为此，企业应该做的事情，就是从这个目标出发，思考如何做才能够达到目标。

1.5℃以内

地球

减少温室气体排放

减少煤炭消费量

有效利用能源

企业

10 高层承诺很重要

企业致力于可持续发展目标之时，企业高层应该明确意识到，可持续发展目标是现在的经营重点，并应该发挥其领导作用。

　　要想实现可持续发展目标，需要企业拧成一股绳，齐心协力致力于这些事业。企业的高层和管理人员需要理解可持续发展目标，明确提出方针，即高层承诺。这一点至关重要。即便是其他负责人在领导可持续发展目标项目小组，企业也需要就可持续发展目标的意义等制定相应方针。因此，企业高层如果不积极参与其中的话，是无法实现其目标的。

高层承诺的重要性

小要点

　　所谓承诺，指的是抱持相关责任。明确高层承诺，可以帮助企业在致力于可持续发展目标的道路上越走越远。

我们公司正在竭尽全力致力于可持续发展目标！

在我们公司的网站也可以看到我们的方针！

我们的部署也是来真的，不做都不行。

总经理是来真的。

　　可持续发展目标是现在的经营重点，所以在开展业务的各个阶段都需要可持续发展目标的参与，也就是说，可持续发展目标已经事关企业的整个部署。如果高层积极鼓励员工们，明示其致力于可持续发展目标的方针的话，企业可获得的成果也会随之高涨。

企业高层如果对可持续发展目标的态度十分积极，那么就没有任何问题。但是如果高层的态度并不积极的话，企业就需要下功夫，引起高层的关注。如果是上市企业的话，就可以利用在上一章中介绍过的对ESG投资有兴趣的投资者的意见来说服高层。另外，<u>企业也可以利用其他致力于可持续发展目标的企业来激起高层的竞争欲望。</u>

如何让不关心可持续发展目标的高层提起兴趣呢？

即便有专门的负责人来做可持续发展目标相关项目，但是如果高层对可持续发展目标毫不关心，项目进展也不会顺利。

我们公司是不是应该致力于可持续发展目标呢？

这和我们公司没关系。

贵公司是否致力于可持续发展目标呢？

对于上市企业，可以通过ESG投资者提问的方式，让高层开始关心可持续发展目标。

没有……

投资者

我们的客户已经开始用可持续发展目标理念开始经营公司了！我们公司也应该致力于此才对。

同行业的其他企业也致力于可持续发展目标的时候，就可以通过宣传其他企业的动向来激起高层的竞争欲望。

11 可持续的供应链是什么

供应链指的是商品的生产流通形成的网链结构。如果企业不把供应链上出现的问题当成本企业的问题来考量的话，就会面临风险。

在企业的日常工作中，有一个重要的词汇：供应链。顾名思义，供应链（p107）就是供给（Supply）的连锁（Chain）链条，囊括了从原材料调配到消费者购买的整个过程。供应链展示的是工作的整个流程，在提供商品或服务等时候，必须要有明确的意识。同样，在致力于可持续发展目标的时候也应如此。

河流上游发生的问题也不是和我们毫无关系

从调配开始，在整个供应链的过程中，不论是哪一个环节出问题，最终售卖商品的企业也都是有责任的。这是目前整个国际社会的思考方式。

"上游"出问题，我们也得承担责任。

温室气体排出

物流

售卖

在现代社会当中，公司在考虑致力于可持续发展目标之时，不应该仅仅考虑自身，而是应该将目光也放在上游、下游等合作伙伴上。

从前，在社会意识还没有提高的时候，即便是在与本企业直接相关的供应链中发生了环境问题和人权问题，也有不少企业都会采取事不关己的态度，完全不去解决问题。然而现在，即便是供应链的"上游"出现的问题，对处于"下游"的企业来说，也是其问题所在。现如今，这种意识正在获得广泛传播。

森林砍伐

水质污染

调配

联合国全球契约组织等编制的报告书指出，大多数企业家都表示，对于在供应链上出现问题后却不立即解决的企业，将重新考虑或取消投资。供应链上的全部环节都应该有可持续发展的意识。

制造

强制劳动

童工

童工、强制劳动、人口买卖、长时间劳动等供应链上出现的问题里都包含着人权问题，需要得到解决。

小要点

1997年，体育品牌耐克的分包工厂被揭露有童工问题，从而引发大规模的抵制运动。以这场"耐克危机"为契机，分包企业的反社会问题也开始被视为母公司的责任。

12 从价值链开始谈起

重新探讨对企业的事业活动分类的价值链，可以让企业同时追求利益和社会价值。

在第82~83页我也曾提到过，在利用可持续发展目标企业行动指南确定可持续发展目标中的优先事项时可以利用**价值链图**。而**价值链**将分析是否在供应链的每个阶段都创造了价值。这里所说的价值链，可以用于创造共享价值，所以也是致力于可持续发展目标当中的一个重要概念。

在追求利益的同时创造社会价值

在《（联合国可持续发展目标）企业行动指南》中，通过整体的价值链，可以确定企业经营活动带给可持续发展目标的正面影响和负面影响，并鼓励企业选定优先事项。致力于可持续发展目标，价值链也可以活用于创造共享价值（CSV）。

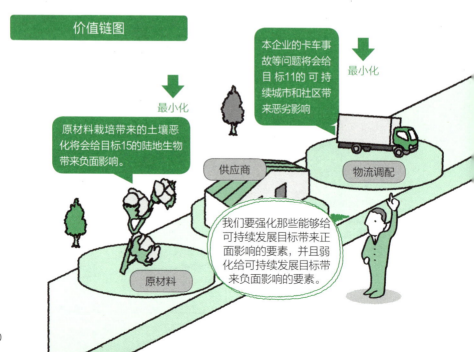

价值链图

原材料栽培带来的土壤恶化将会给目标15的陆地生物带来负面影响。 最小化

本企业的卡车事故等问题将会给目标11的可持续城市和社区带来恶劣影响 最小化

供应商

物流调配

我们要强化那些能够给可持续发展目标带来正面影响的要素，并且弱化给可持续发展目标带来负面影响的要素。

原材料

我们在第3章的第67页当中也提到了共享价值。这个概念聚焦于企业在社会的价值创造，英文简称为CSV。所谓CSV，以同时创造社会价值和经济价值为目标，使二者能够相辅相成。重新审视价值链，通过改良和改革等手段，可以帮助企业创造共享价值。企业在追求可持续发展目标的同时，也可以追求利润。

价值链上的创造共享价值（CSV）

创造共享价值由美国经济学者迈克尔·波特提出。波特认为，有效利用能源，削减物流成本，有效利用资源、调配、流通，提高员工生产力，以及地区发展等内容都是价值链上应该重新审视的项目，可以帮助企业创造共享价值。

迈克尔·波特

产品废弃

为了实现目标12的负责任消费和生产，增加消费者能够循环利用产品的机会

产品使用

水资源节约问题影响目标6的清洁饮水与卫生设施

售卖

为实现目标3的良好健康和福祉，给所有职工发放体检福利

机械作业

强化

最小化　强化

日本饮料品牌麒麟（kirin）面对酒驾问题多发这一社会问题，开发出了世界第一款无酒精啤酒。另外，它通过改善物流减少了二氧化碳的排放和成本。

有很多企业在创造共享价值之后获得了丰硕的成果。

咖啡品牌雀巢为咖啡豆原产地非洲及中南美洲的贫困农家推广了农业科技知识。此外，为了提高高品质咖啡豆的价格，雀巢直接和农家进行交易，帮助农家提高生产力和收入。

13 推进可持续发展目标，合作很重要

要想解决困难的社会、环境问题，如果企业拒绝与外界进行合作，就很难有机会获得利益。

可持续发展目标期待商业能够带来创造和创新，为此，企业必须与本企业以外的企业、自治体、组织团体、大学等相关机构获取合作。如果不这样做，就很难让经济获得持续发展，也无法解决社会和环境问题。在这样的浪潮之下，要实现可持续发展目标，不论是全球还是地区，都要重视合作伙伴关系。

仅仅追求利益的时代已经终结了

迄今为止，一些企业过于追求利益，犯下了许多错误。

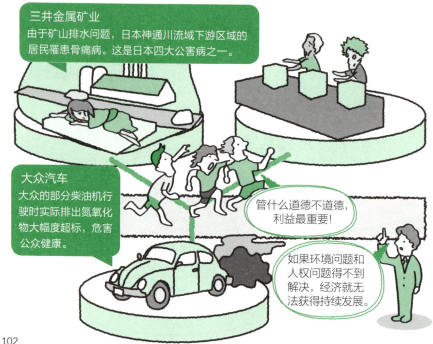

三井金属矿业
由于矿山排水问题，日本神通川流域下游区域的居民罹患骨痛病。这是日本四大公害病之一。

大众汽车
大众的部分柴油机行驶时实际排出氮氧化物大幅度超标，危害公众健康。

管什么道德不道德，利益最重要！

如果环境问题和人权问题得不到解决，经济就无法获得持续发展。

要推进可持续发展目标的进程，重点就是与外界合作。当企业都开始重视可持续发展目标，就可以开发出具备创新性的新商品。另外，之前有许多公司在发展中国家以极低的劳动报酬雇佣劳动者，但正如第99页中所提到的那样，现在不会再任由企业这样做了。这不仅仅是出于人道精神，通过支持发展中国家的发展，可以带来新的市场，这也和企业的利益息息相关。

不和外界合作，经济就无法获得发展

目标 17（促进目标实现的伙伴关系）指出可持续发展目标与利益相关者的重要性。

久保田
开发无人驾驶拖拉机，不需要人工也可以进行农业活动。通过灵活运用3D动态地图、引进汽车公司技术等方式，致力于技术的发展。

大金
通过空气调节装置等物联网（IoT）感知器，获取建筑物内的人数和位置等数据，致力于与工作方式改革息息相关的事业。

和其他企业共同联手，做本企业擅长的事业，保护环境，解决人权问题，可以推动创新、维持经济发展。

随着全球化的发展，现在，几乎所有的行业都在跨国实行分工制。在一些国家，有很多劳动者被迫在恶劣的环境下工作。可持续发展目标也希望消除此类行为带来的风险。

不二制油集团总部
为实现棕榈油的可持续调配，和马来西亚的当地非政府组织进行合作，以提高婆罗洲岛农户的生产力和改善劳动为目标，为其提供教育支持。

雅马哈
从2017年开始，在"心之复兴"活动中与NTT DOKOMO进行合作，共同展开活动。通过音乐来为地区做贡献。

14 非上市公司和可持续发展目标就没关系了吗?

在日本,中小企业致力于可持续发展目标的仍然很少。那么,中小企业和可持续发展目标就没关系了吗?

本书第4章介绍了《(联合国可持续发展目标)企业行动指南》,该指南原本是为大企业而制作的。另外,我也介绍了致力于可持续发展目标的好处,它可以改善投资者的评价,提高企业价值。那么,对非上市公司和中小企业来说,它们和可持续发展目标没有关系吗?

中小企业对可持续发展目标的认知度

日本关东经济产业局和日本立地中心在2018年发布了《中小企业SDGs认知度、实际状况等调查》。调查结果显示,84.2%的中小企业的回答是不知道联合国可持续发展目标。许多中小企业不知道可持续发展目标的存在,也没有采取相应的行动。

由于现在的风潮是与致力于可持续发展目标的大企业进行合作，所以在未来，与中小企业进行合作时，也很有可能将交易条件定为致力于可持续发展目标。实际上，现在有很多合作商都会对致力于可持续发展目标的大企业和中小企业进行调查，确认他们在环境和劳动方面是否存在问题。另外，在国外，也有越来越多的投资者在投资未上市风险企业的时候，会将它们对可持续发展目标的贡献度纳入讨论范围之一。

我不和不致力于可持续发展目标的公司合作。

今后，致力于可持续发展目标的大企业需要努力避免发生环境和劳动方面的问题，在选择进行交易的中小企业时，也可以要求它们致力于可持续发展目标。

大企业　中小企业

不考虑环境问题的零部件商

要求职工在岗时间超过规定时间的公司

有职场骚扰的公司

本公司正在致力于可持续发展目标！

非上市企业

海外基金

好！我要投资你！

非上市公司也可以向投资者宣传它们将致力于可持续发展目标这件事。也有一些国外基金，在确认该公司对可持续发展目标的贡献度之后，会给未上市的风险企业投资。

例如，法国的SWAN CAPITAL PARTNERS、英国的ETF Partners等国外基金。

漂染可持续发展目标（SDGs Washing）的陷阱

　　漂染可持续发展目标（SDGs Washing）这个单词，乍一看像是在致力于可持续发展目标，实际指的是仅仅做一些粉饰外表的环保。将可持续发展目标与本企业的事业结合在一起是很简单的一件事情，但是如果没有实绩，就会被指为"漂染可持续发展目标"，久而久之就会丧失外部的信任。致力于可持续发展目标，指的是通过致力于169个具体目标来帮助17个目标的完成。大众也期待着企业能够与贡献度的评定方式相融合，从而将信息公示。

　　漂染可持续发展目标不是一个明确的基准，但是我们可以尽可能回避。以下四种方式就是很好的回避方式，希望大家能够认真掌握。①避免模糊表达没有根据的信息；②避免夸大事实的表述；③避免难以界定含义的暧昧表述；④不使用与事实的关联度低的视觉资料。

　　除此之外，企业当然可以将可持续发展目标设定在企业原有事业活动的规划路径上，但是这个事业目标与可持续发展目标之间的差距最好不要太大。企业还是要明确地展示出达成目标的路径方式。最为基本的就是从可持续发展目标反推出现在我们应该做些什么。

专业术语解读 4

关键词

关键词

《（联合国可持续发展目标）企业行动指南》 p78

2016年3月，该指南由全球报告倡议组织（Global Reporting Initiative，简称GRI）、联合国全球契约组织（UN Global Compact），以及世界可持续发展工商理事会（WBCSD）三个机构共同制作而成，是一套面向企业的可持续发展目标的导入方针。其目的在于帮助企业了解如何将可持续发展目标与经营战略整合在一起，如何评估、管理公司对可持续发展目标做出的贡献度等。该指南被翻译成多种语言，在世界范围内获得广泛应用。

关键词

由外向内（Outside in Approach） p85

由外向内是一种反推式的思考方式。以社会的未来为出发点设定目标，填补目标与现实之间的差距。由内向外（Inside out Approach）分析企业内部过去和现在的实绩，设定未来的目标已经无法有效应对世界课题，所以现如今，由外向内思考方式的重要性也越来越为人所知。

关键词

有害化学物质 p86

有害化学物质是指对人体健康或环境带来恶劣影响的物质。例如，导致水俣病的汞和导致骨痛病的镉等重金属；具备难分解性、在生物体内积累无法排出性、毒性、长距离移动性、残留性等特质的多氯联苯（PCB）、二噁英、含氯农药等有机污染物。这些物质作为环境激素（外因性搅乱内分泌的化学物质）会影响人和动物的内分泌系统，危害身体健康、有害影响等。

关键词

PDCA循环 p90

所谓PDCA循环，就是不断重复计划（Plan）、执行（Do）、检查（Check）、处理（Act）这4个过程，以改善业务、提高业务效率为目标。日本在20世纪90年代后半叶开始频繁使用这一概念。PDCA循环将计划阶段到最终的处理改善阶段作为一个循环。如果最终未能达成目标熟知，就需要重新考虑实施策略，以达到目标为最终目的继续循环，慢慢地就可以做到避免失败。

关键词

逻辑模型（logic Model） p92

在可持续发展目标当中，目标的完成和企业、组织的所作所为是息息相关的。因此，企业需要明确地指出完成最终目标所要经历的路径和方式。这就是逻辑模型。将事前或事后的策略概念化，发现设计上的缺陷和问题，以及合理地将策略拟订成方案等，逻辑模型在以上方面都具备重要意义和价值。

关键词

供应链 p98

供应链囊括了从原材料调配到消费者购买的整个过程。从原材料和零件的调配到制造、库存管理、配送、售卖、消费等，这些过程并不是相互独立的，而是一个完整的、一环扣一环的链条。日语中这个词叫作"供给连锁"。供应链管理（Supply Chain Management）是指使供应链运作达到最优化，以最少的成本，令供应链从采购开始到满足最终客户的所有过程。

107

5

第 章

"自治体可持续发展目标"
改变我们的生活

　　现在，日本国内的许多自治体都开始举办可持续发展目标相关的活动。另外，奥运会和世界博览会等关乎着国家、自治体、组织和人民的世界性活动，也将目光聚焦在了可持续发展目标上，并将其作为应该优先解决的课题。

01
地方自治体和可持续城市建设

可持续发展目标之一，就是可持续城市和社区。那么在这里起着重要作用的是地方自治体（p119）。

为了让可持续发展目标渗透到生活，需要与各方利益相关者（p119）合作。其中有一个组织需要引起大家的注意，那就是地方自治体（译者注：指日本地方各级行政区划）。地方自治体作为行政机关，需要和国家一道，解决国家正在推进的全球课题和企业、市民们所面临的地区性课题。正因如此，可持续发展目标的实现和地方自治体所发挥的作用是不可分割的。

地方自治体是城市建设的关键

地方自治体如果基于可持续发展目标，积极推进可持续城市建设，那么居民的生活水平就会有所提高。如果生活水平提高，那么想要留在该地区的定居者就会增多，不仅如此，也会有许多追求高生活品质的人迁居过来。地方自治体所面临的问题数不胜数，如老龄少子化、地方经济低迷等，而致力于可持续发展目标可以成为一个很好的解决途径，从而帮助自治体解决所面临的课题。

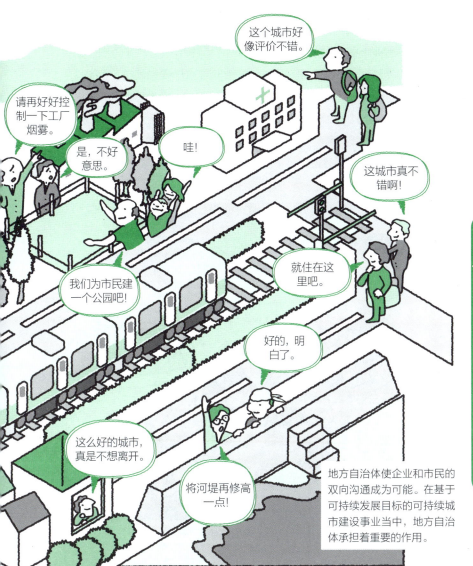

地方自治体使企业和市民的双向沟通成为可能。在基于可持续发展目标的可持续城市建设事业当中，地方自治体承担着重要的作用。

02 可持续发展目标（SDGs）未来城市是什么

大家都知道吗，日本在实现可持续发展目标的过程中，已经有60个自治体入选为未来城市，这些城市均针对可持续发展目标给出了优秀提案。

日本内阁府地方创生推进日本事务局在2018年、2019年分别评选了致力于实现可持续发展目标实现的**可持续发展目标未来城市**（p119）。2018年评选出了29个自治体，2019年评选出了31个自治体。另外，日本事务局每年会选出10个提出前沿性提案的自治体评为"**自治体可持续发展目标模范事业**"，最高会奖励3000万日元的补助金。日本正在积极地构建可持续发展目标的模范典型。

国家是未来城市创生的后盾

经济
提高当地企业活性、创造就业岗位等。

大家一起携手来建设未来城市吧！

哪个自治体一直积极致力于可持续发展目标，就评它为模范吧！

社会
倡导新的生活方式、充实教育和养育等。

可持续发展目标未来城市

环境
全球变暖对应措施、能源地产地销等。

2018年，日本富山市入选可持续发展目标（SDGs）未来城市和自治体可持续发展目标模范事业。面临着老龄少子化进程加剧问题的日本富山市，以建设简洁城市为基本方针，建设、改进了第二代有轨电车等公共交通，扩充社会基础设施等。过去的日本富山市曾过度依赖汽车，但现在正在努力转变，以建设可持续简洁城市为目标。

来源：日本富山市环境部环境政策课《富山市环保关键事业　团队环保事业》。

自治体可持续发展目标模范事业案例

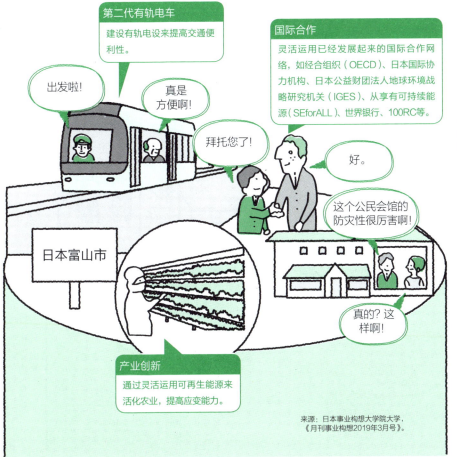

来源：日本事业构想大学院大学，
《月刊事业构想2019年3月号》。

03 "产政教金劳媒"六位一体，提高地区活力

在这之前，我们就经常提到地方创生这个概念。走上可持续发展目标之路，企业可以不断提高创生的活力。

2014年，日本出台了《城镇、人、工作创生法案》（p119）。该法案的目标是缓解日本东京人口集中和地方人口减少问题，以及提高日本整体活力。法案颁布之后，日本近年取得了一定的成果，但是要想扩大成果，就需要在之前的"产政教"（产业、行政、教育）的基础上，与"金劳媒"（金融、劳动、媒体）融合起来。

《城镇、人、工作创生法案》是什么

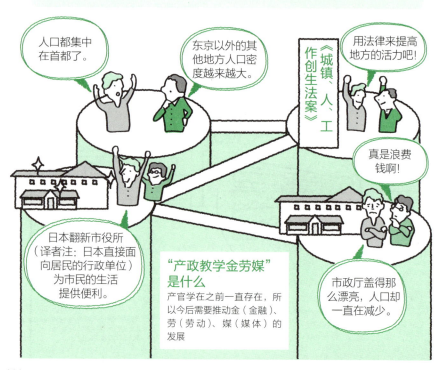

本来，在地区建设的问题上，日本不曾特定委任某个特定的组织。企业或行政、学校、居民等，如果不是所有人都有着课题意识，是无法做出成果的。因为，要将这些相关人员拧成一股绳，就需要发誓绝不落下一个人，这也是可持续发展目标要走的道路。只有在这样做之后，环境、产业、教育、灾害防治等"产政教金劳媒"实现六位一体，才能够真正提高地区的活力。

"产政教金劳媒"，六位一体拯救地方

我也要加入合作！

让我们一起发誓，绝不落下一个人！

只要我们一起携起手来，就可以实现地方创生。

企业　市役所　大学

产　政　教

小要点

本书的编者笹谷秀光老师是日本未来城市建设论坛的执行委员长。所谓日本未来城市建设论坛，是一个以建设可持续城市为目标的活动组织，它以公共团体和企业为主，学术等各类团体均积极参与。

国际活动与可持续发展目标

现如今，有一项新的世界性潮流出现，那就是在国际活动当中也以可持续发展目标为主题。

奥运会和残奥会是世界上规模最大的体育赛事。尽管东京奥运会可能延期或因不可抗力而取消，但是在奥运会筹备的全部过程中，一直都是以可持续发展目标为基准，以可持续性为原则的。因此，预定在2021年开办的东京奥运会，以"一起做得更好"为指导原则，在为可持续发展目标做出贡献的同时，也希望这一主旨能够在国内外未来的活动中继续延续下去。

东京奥运会也要为可持续发展目标做出贡献

太棒了！

在奥运会筹备的全部过程中，日本一直都是以可持续发展目标为原则。

希望体育中也能够遵从这些原则。

太棒了！

一起做得更好

正因为此次体育盛会会聚集全世界的目标，所以才要将这次活动与同为世界事业的可持续发展目标结合在一起，并致力于成为可持续社会的范本。

在国际盛会中倡导可持续发展目标的，绝不仅限于奥运会和残奥会。即将于2025年举办的大阪·关西世界博览会（p119）也倡导者可持续发展目标。大阪·关西世界博览会的主题就是"构建未来社会、想象明日生活"，这个主题本身就是在倡导一个已经实现可持续发展目标的社会。另外，不仅仅是举办2025年世界博览会的城市，而是应该以"整个日本"的姿态来致力于可持续发展目标。

大阪·关西世界博览会与明确提倡可持续发展目标

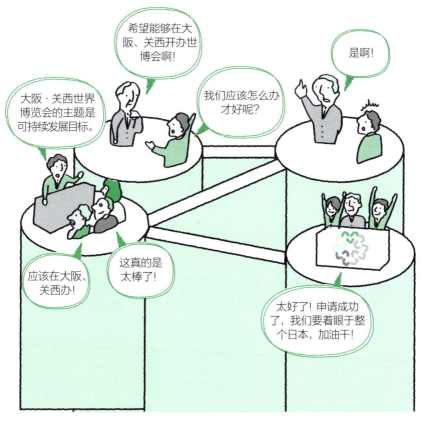

通过明确表示致力于可持续发展目标，2025年大阪成功申请举办世界博览会。预计最终经济波及效应为19000亿~20000亿日元。

专栏 5

可持续性筹备准则
是什么

　　东京奥运会、残奥会奥组委将奥运会的筹备准则设定为可持续性。这是奥组委在充分考虑此次活动的可持续性之后共同商讨得出的准则。

　　为什么奥组委要提出这样的准则呢？这是因为，在做各项准备工作的筹备阶段当中，奥组委在遵守法令的基础上，重视社会责任，充分考虑了全球变暖、资源枯竭、生物多样性消失等各种环境问题、人权问题、劳动问题、非法贸易等问题。因此，奥组委所追求倡导的，就是在奥运会的筹备阶段防止以下问题的发生，如使用非法获取的原材料、歧视、威胁、童工、强制劳动，以及非法长时间劳动、不当雇佣外国务工人员、泄露个人信息等。

　　由于这些环境、社会问题很容易在供应链（囊括了从原材料调配到制造、库存管理、配送、售卖、消费等各个环节）的某一环节中发生，所以参加此次筹备工作的工作人员需要在各个供应链环节中都遵守该准则。相信这个准则也将在全球各个国家举办的奥运会中延续下去。

专业术语解读 5

☑ 关键词

利益相关者 p110

利益相关者是指企业等组织在进行活动的时候会受到影响的利害相关人员。股东、职工、顾客、交易对象、金融机关、地区社会和行政机关等，多个利益相关者的利益不一定是一致的，但是企业需要与利益相关者们取得沟通，实现共同发展，共同创造利益。

☑ 关键词

地方自治体 p110

日本的地方自治体受到宪法的保护。国家和地方分别有着不同的法人资格，关于地方自治的机制，以及国家和地方的关系等问题，都是由地方自治法来制定的。地方公共团体拥有着以下权利：通过公选议员开设议会、决定议会预算等，除此之外，还拥有着法律允许范围内的立法权限。公开选举的首长（如知事、市町村长）执行行政权。日本的地方公共团队实行两级制，分别为都道府县、市町村。

☑ 关键词

可持续发展目标未来城市 p112

可持续发展目标未来城市是指为可持续发展目标提出了优秀提案的城市，由内阁府地方创生推进事务局进行评选。目前，内阁府共选出了60个标准化（normalizer）城市。例如，被评价为城市建设不能用语言来形容的岩手县陆前高田市，以及在日本领先20年，共有10万人口，灵活运用官民合作平台，提出"问、学、共创"未来城市创造事业的福冈县大牟田市等。

☑ 关键词

自治体可持续发展目标模范事业 p112

该事业以可持续发展目标理念为指导方针，从经济、社会和环境三个方面来创造价值，是较大可能实现可持续开发的前卫事业。另外，该事业通过与各类利益相关者进行合作，可以帮助地区自身形成良性循环。政府在支持这项事业开展的同时，也在积极将其与普及成功案例、开展活动、深化地方创生等事业结合在一起。

☑ 关键词

《城镇、人、工作创生法案》 p114

这是2014年日本出台的一项法律，一般被称作《创生法案》。其中，城镇代表着开创一个寄托着每一位国民的梦想与希望，能够安心过上富裕生活的，可以经营下去的地区社会。人代表着确保地区社会中有能够承担地方社会责任的、有着个人特色的多样化的人才。工作代表着在当地创造出有魅力切多样化的就业岗位。该法案制定了基本的理念，以达到三者合一的目的。

☑ 关键词

大阪·关西世界博览会 p116

大阪府大阪市此花区梦洲将于2025年举办日本世界博览会（即大阪·关西世界博览会）。本次活动以"未来社会的试验台"为概念，不仅仅单纯地举办展览，更要交换全世界80亿人的想法来共创未来社会。本次活动将齐聚那些致力于解决人类共同的课题与前沿技术的人才们，以创造、倡导新的创意为目标。

第6章

学习国内外可持续发展目标的先进事例

　　可持续发展目标是一个涉及范围十分广阔的主题，它和整体的商业经营息息相关。其实我们理应从身边的小事开始着手去致力于可持续发展目标，但是现在，还是让我们来一起看看目前的先进事例，让这些事例来给我们带来启发吧。有一些世界企业已经将可持续发展目标当作它们之间的共同语言加以熟练使用，并且在此基础之上很好地发展了其本业，提高了企业价值。

01 【国外企业】
联合利华公司

联合利华公司是可持续经营的世界代表企业。联合利华公司的肥皂品牌卫宝（Lifebuoy），大幅度地改善了印度的卫生环境。

　　联合利华公司是一家跨国企业，主要产品是肥皂、洗涤剂、食品等。该公司的肥皂品牌卫宝（Lifebuoy）在印度的一个村庄开展了鼓励洗手宣传活动。该活动的目的是防止疾病，让村民们养成用肥皂洗手的习惯。最后，这次活动的效果出人意料，该地的卫生环境获得改善，孩子们出现腹泻的比率从原来的36%下降到了5%。

鼓励洗手宣传活动改善卫生环境

联合利华公司的肥皂品牌卫宝在印度等14个国家开展鼓励洗手活动 "Help a Child Reach 5"。该宣传活动于联合国千年发展目标的时代就开始实行，共包含可持续发展目标中的3个目标。

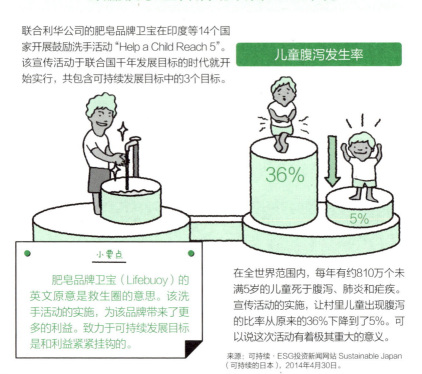

儿童腹泻发生率

36%

5%

小要点

肥皂品牌卫宝（Lifebuoy）的英文原意是救生圈的意思。该洗手活动的实施，为该品牌带来了更多的利益。致力于可持续发展目标是和利益紧紧挂钩的。

在全世界范围内，每年有约810万个未满5岁的儿童死于腹泻、肺炎和疟疾。宣传活动的实施，让村里儿童出现腹泻的比率从原来的36%下降到了5%。可以说这次活动有着极其重大的意义。

来源：可持续·ESG投资新闻网站 Sustainable Japan（可持续的日本），2014年4月30日。

02 【日本企业】
日本食物环保中心

日本食物环保中心是一家以人类剩余食物为饲料，致力于解决垃圾处理问题和畜产经营问题的企业。

日本食物环保中心致力于食品回收循环事业，以被废弃的食品为原材料制作饲料，用这些饲料来养猪，再在大型商超内售卖他们的品牌猪肉。于是这就产生了一个在超市等地进行的、将剩余食品制成饲料的"食品回收循环"活动，并在2018年获得日本SDGs大奖内阁总理大臣奖。日本食物环保中心与众多关联人员正在致力于可持续发展目标12的达成。

杜绝食物浪费的回收循环

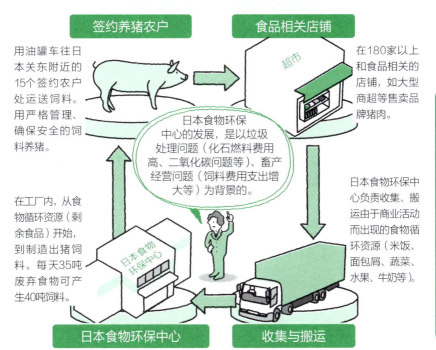

签约养猪农户

用油罐车往日本关东附近的15个签约农户处运送饲料。用严格管理、确保安全的饲料养猪。

在工厂内，从食物循环资源（剩余食品）开始，到制造出猪饲料。每天35吨废弃食物可产生40吨饲料。

食品相关店铺

在180家以上和食品相关的店铺，如大型商超等售卖品牌猪肉。

日本食物环保中心的发展，是以垃圾处理问题（化石燃料费用高、二氧化碳问题等）、畜产经营问题（饲料费用支出增大等）为背景的。

日本食物环保中心负责收集、搬运由于商业活动而出现的食物循环资源（米饭、面包屑、蔬菜、水果、牛奶等）。

日本食物环保中心

收集与搬运

来源：《地球的儿童》，2020年1月、2月，高桥巧一（日本食物环保中心总经理）。

03 【国外企业】
巴斯夫

综合化工企业巴斯夫发表宣言，称将在未来的生产过程中逐步摆脱化石燃料。为了这一目标，巴斯夫正在推进研发。

总部位于德国的综合化工企业巴斯夫（BASF），于2019年发表宣言，称将开发全新的低碳生产工艺。巴斯夫的方针是逐步用可再生能源替换化石燃料，并在最终的生产过程中彻底废除化石燃料的使用。为了达到这一目标，需要新的技术支持，所以巴斯夫现在正在积极推进研发，走向创新。

以大幅减少二氧化碳排放量为目标的项目

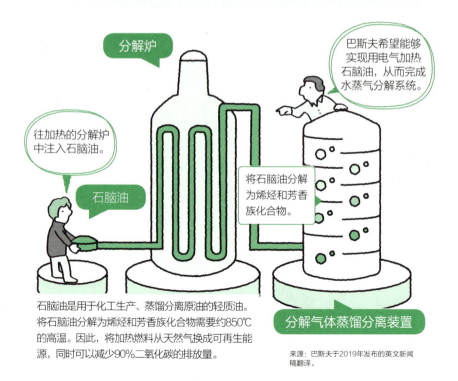

分解炉

巴斯夫希望能够实现用电气加热石脑油，从而完成水蒸气分解系统。

往加热的分解炉中注入石脑油。

石脑油

将石脑油分解为烯烃和芳香族化合物。

石脑油是用于化工生产、蒸馏分离原油的轻质油。将石脑油分解为烯烃和芳香族化合物需要约850℃的高温。因此，将加热燃料从天然气换成可再生能源，同时可以减少90%二氧化碳的排放量。

分解气体蒸馏分离装置

来源：巴斯夫于2019年发布的英文新闻稿翻译。

【日本企业】
日本再利用系统公司

该公司不仅仅着眼于循环使用旧衣服，还在呼吁为发展中国家的儿童提供疫苗这项事业。

日本再利用系统公司致力于再利用、再循环事业，并开展"旧衣服换疫苗"服务，为可持续发展目标的实现做出贡献。具体来讲，这项服务的内容就是，市民们将不需要的旧衣服寄给公司，公司就会给发展中国家的儿童运送脊髓灰质炎口服疫苗。而市民们不仅仅是处理了不需要的物品和为社会做出贡献，还能拿到特别纪念联票。（该活动获2019年第三回日本SDGs大奖特别奖。其特色是结合了可持续发展目标中的目标3和目标12。）

不需要的旧衣服换发展中国家儿童的疫苗

市民们在网站上购买旧衣服换疫苗服务，公司就会为下单者寄送回收箱。下单者将不需要的衣服、包、鞋子等物品打包送出。

购买旧衣服换疫苗服务，非营利组织法人就会通过世界儿童疫苗日本委员会给发展中国家的儿童寄送脊髓灰质炎口服疫苗。

太好了！

欢迎！

使用该项服务的人，可以获得赞助企业的特别纪念联票。也就是说，使用这项服务可以获得3项好处：做出社会贡献、可以轻松处理不需要的物品、获得联票。

公司不会将收集到的旧衣服直接寄送，而是将以低廉的价格出口售卖，并在当地创造商业机会与就业岗位。收益的一部分用于购买脊髓灰质炎口服疫苗。

05 【国外企业】
雀巢集团

雀巢集团作为全世界大型食品、饮料公司，其事业发展与可持续发展目标深深融合在了一起。雀巢集团共提出了3个总体目标。

在日本以咖啡而闻名的雀巢集团的本部位于瑞士，是全世界大型食品、饮料公司。雀巢集团的经营理念是创造共享价值，并正在积极致力于实现可持续发展目标。雀巢集团在致力于可持续发展目标之时，提出了3个总体目标：①为了个人和家庭；②为了我们的社区；③为了地球。

致力于可持续发展目标的3个总体目标

雀巢集团在致力于可持续发展目标之时，作为方针，提出了3个概括性的长期目标。

❶为了个人和家庭
为了世界上的儿童可以过上健康的生活而做出援助。具体的做法就是，售卖营养价值高的食物，减少人工添加剂等。

❷为了我们的社区
社区与雀巢集团的商业活动息息相关。雀巢集团为社区内的居民提供支援，帮助居民们提高生活水平。具体做法是，监督是否有童工问题出现、在商业活动中是否尊重人权等。

❸为了地球
将商业活动中带来的环境负荷减为零，这是雀巢集团正在推进的一项事业。具体的做法就是，保护水资源、使用可再生能源等。

来源：雀巢日本官网

06

【日本企业】
永旺九州和味之素九州事务所等

永旺九州和味之素九州事务所都在开展于农业中使用生物质堆肥的项目。

永旺九州、味之素九州事务所和其他农业团体，总计60家企业和团体共同开展了"九州名品蔬菜、水果"项目。该项目使用的堆肥是添加了氨基酸榨取后副产物发酵产生的生物质。通过使用这样的生物质堆肥来进行农作物栽培。使用这样的堆肥不仅可以大幅度减少二氧化碳的排放，还可以减少成本，为相关人员、机构带来启发。2019年，该项目获得日本SDGs大奖内阁官房长官奖。

将生物质堆肥用于农业

味之素九州事务所使用氨基酸榨取后副产物发酵产生的生物质，停止使用重油，减少了二氧化碳的排放，并且降低了成本。

堆肥制造商通过使用发酵产生的生物质制造高品质肥料并售卖。

将零售变为品牌，可以让农产品之间出现差距。

农户用低廉的价格购买到高品质的肥料来栽培高附加价值的农作物，从而拓宽销路，增加收入。

顾客可以买到安全放心的新鲜蔬菜水果。

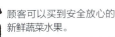

永旺九州等机构，在零售阶段，创造"九州名品蔬菜、水果"品牌。

像这样，通过构建价值链，所有的相关者都可以享受到利益，从而确立商业模型。

07 【国外企业】 英特尔公司

作为全球个人计算机零件和中央处理器制造商，英特尔公司以承担社会责任、做出社会贡献为目标，做了许多努力。

　　英特尔是一家跨国企业，主要业务是开发、制造和售卖计算机所需的半导体等。英特尔公司在计算机用户之间享有极高的认可度，也在致力于可持续发展目标方面享誉全球。英特尔公司具体所做的工作主要体现在环境责任、供应链责任、多样性与包容性、社会影响等方面。每一年的报告中，英特尔公司都会公示其在前一年中具体所做的事项。

中央处理器（CPU）制造商的可持续发展目标是什么？

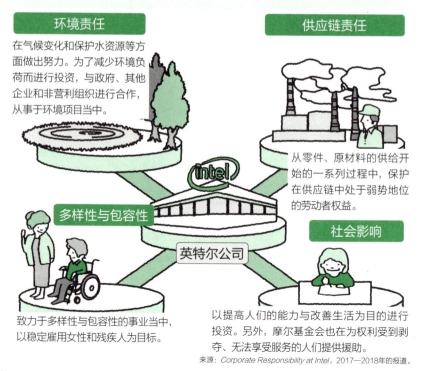

环境责任

在气候变化和保护水资源等方面做出努力。为了减少环境负荷而进行投资，与政府、其他企业和非营利组织进行合作，从事于环境项目当中。

供应链责任

从零件、原材料的供给开始的一系列过程中，保护在供应链中处于弱势地位的劳动者权益。

多样性与包容性

致力于多样性与包容性的事业当中，以稳定雇用女性和残疾人为目标。

社会影响

以提高人们的能力与改善生活为目的进行投资。另外，摩尔基金会也在为权利受到剥夺、无法享受服务的人们提供援助。

来源：*Corporate Responsibility at Intel*，2017—2018年的报道。

08 【地方自治体】
北海道下川町

北海道下川町的主要产业是林业和农业。通过致力于可持续发展目标，推进森林综合产业，北海道下川町获得了很高的评价。

下川町位于日本北海道北部，处于内陆地区。下川町总面积的88%都为森林，主要产业为林业和农业。下川町致力于可持续发展目标，导入了循环型森林经营和不浪费木材的加工系统，不断发展森林综合产业。下川町致力于可持续发展目标的特色之一，就是在公共设施和住宅中引入森林生物质供热系统。2017年，下川町获得日本SDGs大奖内阁总理大臣奖。

充分利用森林环境的地区

北海道下川町引入森林生物质来给公共设施和集体住宅供热，从而减轻燃料费用，并将这笔省下的钱用于儿童的抚养。

残障人士援助设施

特种用途林栽培
实验室容器育苗
药用植物培育

招商企业
实验研究设施

下川町也在进行
森林环境教育、
森林自我保健等
主题活动。

供热设备
（木质生物质）

集体住宅

来源：总理大臣官邸官方网站。

09 【地方自治体】鹿儿岛县大崎町

鹿儿岛县大崎町，因致力于可持续发展目标、回收再利用率达到日本第一，而获得了全国的瞩目。

大崎町位于日本鹿儿岛县南部，以农业为主要产业，人口约为13000人。然而就是这样一个小小的地方，以日本回收再利用率第一而闻名全国。居民、企业和政府共同合作，创建了大崎回收循环系统，开展了不依赖于焚烧的回收再利用事业。该项事业共创造了约40个工作岗位，通过售卖回收再利用产品，共获得了约1.3亿日元的收益。大崎町于2018年获得日本SDGs大奖内阁官房长官奖，同时也入选可持续发展目标未来城市。

成为全日本最好的回收再利用企业

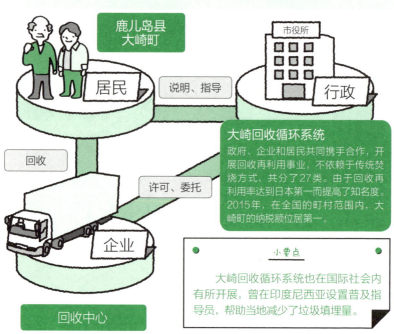

鹿儿岛县
大崎町

居民

说明、指导

市役所

行政

回收

许可、委托

企业

大崎回收循环系统

政府、企业和居民共同携手合作，开展回收再利用事业，不依赖于传统焚烧方式，共分了27类。由于回收再利用率达到日本第一而提高了知名度。2015年，在全国的町村范围内，大崎町的纳税额位居第一。

回收中心

小要点

大崎回收循环系统也在国际社会内有所开展，曾在印度尼西亚设置普及指导员，帮助当地减少了垃圾填埋量。

来源：《大崎宣传报》，2019年3月。

10 【其他】
鱼町商业街振兴组合

商业街在全国范围内虽然有很多，但是其实它们的生存状况十分严峻。那么在这之中，福冈县的鱼町银天街则以打造成可持续发展目标商业街为目标。

日本北九州市被经合组织（OECD）评选为以综合方式解决可持续发展问题的世界6个模范城市之一，并且这是第一个受此殊荣的亚洲城市。以此为契机，鱼町银天街也将目标定为打造成日本第一个可持续发展目标商业街。除了在各家安置太阳能板、减少食物废弃之外，还在教育上下功夫。鱼町银天街的店主们成为老师，无偿教授专业知识。这是一项十分特别的做法。鱼町银天街在2019年获得日本SDGs大奖内阁总理大臣奖。

以日本首个可持续发展目标（SDGS）商业街为目标

设置太阳能板

在商业街的拱廊上设置太阳能板，并考虑用发光二极管（LED）灯照明。

店主们成为老师

商业街的店主们开展区内课堂，无偿教授专业知识。

大扫除活动

政府、学校和市民们共同合作开展大扫除活动，扫除以大学生为主体。

当地的人们通过区内课堂获得交流，并以此为契机逐渐形成社区。

专栏6

地方创生商业与可持续发展目标未来城市

政府分别设置了3个可持续发展目标的重点项目，分别是社会5.0、地方创生、下一代培育和女性活跃。其中，"可持续发展目标未来城市"制度带动地方创生。2018—2019年，日本共有60个城市获选未来城市，其中2018年有29个，2019年有31个。这也推动了自治体致力于可持续发展目标的进程。

推动这项事业的是日本内阁府地方推进事务局。设置次官级别的事务局局长结合于2014年11月实施的《城镇、人、工作创生法》，将选定可持续发展目标未来城市作为其主要政策之一。

为了在地方创生领域打造日本的可持续发展目标模型，自治体将选定那些为实现可持续发展目标做出优秀贡献提案的城市为"可持续发展目标未来城市"。另外，自治体也会选择一些具备前沿性的项目为"自治体可持续发展目标模范事业"。这些成功事例的普及与开展与地方创生的深化息息相关。

我们在前文中介绍的北海道下川町和鹿儿岛县大崎町也都入选自治体可持续发展目标模范事业，其前沿性的做法受到了广泛的关注。

一些嗅觉灵敏的企业现在也在和这些自治体展开合作。

目标1 无贫穷

在全世界消除一切形式的贫困

1.1 到2030年，在全球所有人口中消除极端贫困，极端贫困目前的衡量标准是每人每日生活费不足1.25美元。

1.2 到2030年，按各国标准界定的陷入各种形式贫困的各年龄段男女和儿童至少减半。执行适合本国国情的全民社会保障制度和措施，包括最低标准，到2030年在较大程度上覆盖穷人和弱势群体。

1.3 执行适合本国国情的全民社会保障制度和措施，包括最低标准，到2030年在较大程度上覆盖穷人和弱势群体。

1.4 到2030年，确保所有男女，特别是穷人和弱势群体，享有平等获取经济资源的权利，享有基本服务，获得对土地和其他形式财产的所有权和控制权，继承遗产，获取自然资源、适当的新技术和包括小额信贷在内的金融服务。

1.5 到2030年，增强穷人和弱势群体的抵御灾害能力，降低其遭受极端天气事件和其他经济、社会、环境冲击和灾害的概率和易受影响程度。

1.A 确保从各种来源，包括通过加强发展合作和充分调集资源，为发展中国家，特别是最不发达国家提供充足、可预见的手段以执行相关计划和政策，消除一切形式的贫困。

1.B 根据惠及贫困人口和顾及性别平等问题的发展战略，在国家、区域和国际层面制定合理的政策框架，支持加快对消贫行动的投资。

目标2 零饥饿

消除饥饿，实现粮食安全，改善营养状况和促进可持续农业

2.1 到2030年，消除饥饿，确保所有人，特别是穷人和弱势群体，包括婴儿，全年都有安全、营养和充足的食物。

2.2 到2030年，消除一切形式的营养

---

① 此处内容转载于联合国官网。——译者注

不良，包括到2025年实现5岁以下儿童发育迟缓和消瘦问题相关国际目标，解决青春期少女、孕妇、哺乳期妇女和老年人的营养需求。

2.3 到2030年，实现农业生产力翻倍和小规模粮食生产者，特别是妇女、土著居民、农户、牧民和渔民的收入翻番。具体做法包括：确保平等获得土地、其他生产资源和要素、知识、金融服务、市场以及增值和非农就业机会。

2.4 到2030年，确保建立可持续粮食生产体系并执行具有抗灾能力的农作方法，以提高生产力和产量，帮助维护生态系统，加强适应气候变化、极端天气、干旱、洪涝和其他灾害的能力，逐步改善土地和土壤质量。

2.5 到2020年，通过在国家、区域和国际层面建立管理得当、多样化的种子和植物库，保持种子、种植作物、养殖和驯养的动物及与之相关的野生物种的基因多样性；根据国际商定原则获取及公正、公平地分享利用基因资源和相关传统知识产生的惠益。

2.A 通过加强国际合作等方式，增加对农村基础设施、农业研究和推广服务、技术开发、植物和牲畜基因库的投资，以增强发展中国家，特别是最不发达国家的农业生产能力。

2.B 根据多哈发展回合授权，纠正和防止世界农业市场上的贸易限制和扭曲，包括同时取消一切形式的农业出口补贴和具有相同作用的所有出口措施。

2.C 采取措施，确保粮食商品市场及其衍生工具正常发挥作用，确保及时获取包括粮食储备量在内的市场信息，限制粮价剧烈波动。

  ## 确保健康的生活方式，促进各年龄段人群的福祉

3.1 到2030年，全球孕产妇每10万例活产的死亡人数降至70人以下。

3.2 到2030年，消除新生儿和5岁以下儿童可预防的死亡，各国争取将新生儿每1000例活产的死亡数至少降至12例，5岁以下儿童每1000例活产的死亡数至少降至25例。

3.3 到2030年，消除艾滋病、结核病、疟疾和被忽视的热带病等流行病，抗击肝炎、水传播疾病和其他传染病。

3.4 到2030年，通过预防、治疗及促进身心健康，将非传染性疾病导致的过早死亡减少三分之一。

3.5 加强对滥用药物包括滥用麻醉药品和有害使用酒精的预防和治疗。

3.6 到2020年，全球公路交通事故造成的死伤人数减半。

3.7 到2030年，确保普及性健康和生殖健康保健服务，包括计划生育、信息获取和教育，将生殖健康纳入国家战略和方案。

3.8 实现全民健康保障，包括提供金融风险保护，人人享有优质的基本保健服务，人人获得安全、有效、优质和负担得起的基本药品和疫苗。

3.9 到2030年，大幅减少危险化学品以及空气、水和土壤污染导致的死亡和患病人数。

3.A 酌情在所有国家加强执行《世界卫生组织烟草控制框架公约》。

3.B 支持研发主要影响发展中国家的传染和非传染性疾病的疫苗和药品，根据《关于与贸易有关的知识产权协议与公共健康的

多哈宣言》的规定，提供负担得起的基本药品和疫苗，《多哈宣言》确认发展中国家有权充分利用《与贸易有关的知识产权协议》中关于采用变通办法保护公众健康，尤其是让所有人获得药品的条款。

3.C 大幅加强发展中国家，尤其是最不

发达国家和小岛屿发展中国家的卫生筹资，增加其卫生工作者的招聘、培养、培训和留用。

3.D 加强各国，特别是发展中国家早期预警、降低风险，以及管理国家和全球健康风险的能力。

确保包容和公平的优质教育，让全民终身享有学习机会

4.1 到2030年，确保所有男女童完成免费、公平和优质的中小学教育，并取得相关和有效的学习成果。

4.2 到2030年，确保所有男女童获得优质幼儿发展、看护和学前教育，为他们接受初级教育做好准备。

4.3 到2030年，确保所有男女平等获得负担得起的优质技术、职业和高等教育，包括大学教育。

4.4 到2030年，大幅增加掌握就业、体面工作和创业所需相关技能，包括技术性和职业性技能的青年和成年人数。

4.5 到2030年，消除教育中的性别差距，确保残疾人、土著居民和处境脆弱儿童等弱势群体平等获得各级教育和职业培训。

4.6 到2030年，确保所有青年和大部分成年男女具有识字和计算能力。

4.7 到2030年，确保所有学习的人都掌

握可持续发展所需的知识和技能，具体做法包括可持续发展、可持续生活方式、人权和性别平等方面的教育、弘扬和平和非暴力文化、提升全球公民意识，以及肯定文化多样性和文化对可持续发展的贡献。

4.A 建立和改善兼顾儿童、残疾和性别平等的教育设施，为所有人提供安全、非暴力、包容和有效的学习环境。

4.B 到2020年，在全球范围内大幅增加向发达国家和部分发展中国家，特别是最不发达国家、小岛屿发展中国家和非洲国家提供的高等教育奖学金数量，包括职业培训和信息通信技术、技术、工程、科学项目的奖学金。

4.C 到2030年，大幅增加合格教师人数，具体做法包括在发展中国家，特别是最不发达国家和小岛屿发展中国家开展师资培训方面的国际合作。

实现性别平等，增强所有妇女和女童的权能

5.1 在全球消除对妇女和女童一切形式的歧视。

5.2 消除公共和私营部门针对妇女和女

童一切形式的暴力行为，包括贩卖、性剥削及其他形式的剥削。

5.3 消除童婚、早婚、逼婚及割礼等一

切伤害行为。

5.4 认可和尊重无偿护理和家务，各国可视本国情况提供公共服务、基础设施和社会保护政策，在家庭内部提倡责任共担。

5.5 确保妇女全面有效参与各级政治、经济和公共生活的决策，并享有进入以上各级决策领导层的平等机会。

5.6 根据《国际人口与发展会议行动纲领》《北京行动纲领》及其历次审查会议的成果文件，确保普遍享有性和生殖健康以及

生殖权利。

5.A 根据各国法律进行改革，给予妇女平等获取经济资源的权利，以及享有对土地和其他形式财产的所有权和控制权，获取金融服务、遗产和自然资源。

5.B 加强技术特别是信息和通信技术的应用，以增强妇女权能。

5.C 采用和加强合理的政策和有执行力的立法，促进性别平等，在各级增强妇女和女童权能。

为所有人提供水和环境卫生并对其进行可持续管理

6.1 到2030年，人人普遍和公平地获得安全和负担得起的饮用水。

6.2 到2030年，人人享有适当和公平的环境卫生和个人卫生，杜绝露天排便，特别注意满足妇女、女童和弱势群体在此方面的需求。

6.3 到2030年，通过以下方式改善水质：减少污染，消除倾倒废物现象，把危险化学品和材料的排放减少到最低限度，将未经处理废水比例减半，大幅增加全球废物回收和安全再利用。

6.4 到2030年，所有行业大幅提高用水效率，确保可持续取用和供应淡水，以解决

缺水问题，大幅减少缺水人数。

6.5 到2030年，在各级进行水资源综合管理，包括酌情开展跨境合作。

6.6 到2020年，保护和恢复与水有关的生态系统，包括山地、森林、湿地、河流、地下含水层和湖泊。

6.A 到2030年，扩大向发展中国家提供的国际合作和能力建设支持，帮助它们开展与水和卫生有关的活动和方案，包括雨水采集、海水淡化、提高用水效率、废水处理、水回收和再利用技术。

6.B 支持和加强地方社区参与改进水和环境卫生管理。

确保人人获得负担得起的、可靠和可持续的现代能源

7.1 到2030年，确保人人都能获得负担得起的、可靠的现代能源服务。

7.2 到2030年，大幅增加可再生能源在全球能源结构中的比例。

7.3 到2030年，全球能效改善率提高一倍。

7.A 到2030年，加强国际合作，促进获取清洁能源的研究和技术，包括可再生能

源、能效，以及先进和更清洁的化石燃料技术，并促进对能源基础设施和清洁能源技术的投资。

7.B 到2030年，增建基础设施并进行技术升级，以便根据发展中国家，特别是最不发达国家、小岛屿发展中国家和内陆发展中国家各自的支持方案，为所有人提供可持续的现代能源服务。

促进持久、包容和可持续经济增长，促进充分的生产性就业和所有人获得体面工作

8.1 根据各国国情维持人均经济增长，特别是将最不发达国家国内生产总值年增长率至少维持在7%。

8.2 通过多样化经营、技术升级和创新，包括重点发展高附加值和劳动密集型行业，实现更高水平的经济生产力。

8.3 推行以发展为导向的政策，支持生产性活动、体面就业、创业精神、创造力和创新；鼓励微型和中小型企业通过获取金融服务等方式实现正规化并成长壮大。

8.4 到2030年，逐步改善全球消费和生产的资源使用效率，按照《可持续消费和生产模式方案十年框架》，努力使经济增长和环境退化脱钩，发达国家应在上述工作中做出表率。

8.5 到2030年，所有男女，包括青年和残疾人实现充分和生产性就业，有体面工作，并做到同工同酬。

8.6 到2020年，大幅减少未就业和未受教育或培训的青年人比例。

8.7 立即采取有效措施，根除强制劳动、现代奴隶制和贩卖人口，禁止和消除最恶劣形式的童工，包括招募和利用童兵，到2025年终止一切形式的童工。

8.8 保护劳工权利，推动为所有工人，包括移民工人，特别是女性移民和没有稳定工作的人创造安全和有保障的工作环境。

8.9 到2030年，制定和执行推广可持续旅游的政策，以创造就业机会，促进地方文化和产品。

8.10 加强国内金融机构的能力，鼓励并扩大全民获得银行、保险和金融服务的机会。

8.A 增加向发展中国家，特别是最不发达国家提供的促贸援助支持，包括通过《为最不发达国家提供贸易技术援助的强化综合框架》提供上述支持。

8.B 到2020年，拟定和实施青年就业全球战略，并执行国际劳工组织的《全球就业契约》。

建造具备抵御灾害能力的基础设施，促进具有包容性的可持续工业化，推动创新

9.1 发展优质、可靠、可持续和有抵御灾害能力的基础设施，包括区域和跨境基础设施，以支持经济发展和提升人类福祉，重点是人人可负担得起并公平利用上述基础设施。

9.2 促进包容可持续工业化，到2030

年，根据各国国情，大幅提高工业在就业和国内生产总值中的比例，使最不发达国家的这一比例翻番。

9.3 增加小型工业和其他企业，特别是发展中国家的这些企业获得金融服务，包括负担得起的信贷的机会，将上述企业纳入价值链和市场。

9.4 到2030年，所有国家根据自身能力采取行动，升级基础设施，改进工业以提升其可持续性，提高资源使用效率，更多采用清洁和环保技术及产业流程。

9.5 在所有国家，特别是发展中国家，加强科学研究，提升工业部门的技术能力，

包括到2030年，鼓励创新，大幅增加每100万人口中的研发人员数量，并增加公共和私人研发支出。

9.A 向非洲国家、最不发达国家、内陆发展中国家和小岛屿发展中国家提供更多的财政、技术和技能支持，以促进其开发有抵御灾害能力的可持续基础设施。

9.B 支持发展中国家的国内技术开发、研究与创新，包括提供有利的政策环境，以实现工业多样化，增加商品附加值。

9.C 大幅提升信息和通信技术的普及度，力争到2020年在最不发达国家以低廉的价格普遍提供因特网服务。

减少国家内部和国家之间的不平等

10.1 到2030年，逐步实现和维持最底层40%人口的收入增长，并确保其增长率高于全国平均水平。

10.2 到2030年，增强所有人的权能，促进他们融入社会、经济和政治生活，而不论其年龄、性别、残疾与否、种族、族裔、出身、宗教信仰、经济地位或其他任何区别。

10.3 确保机会均等，减少不平等现象，包括取消歧视性法律、政策和做法，推动与上述努力相关的适当立法、政策和行动。

10.4 采取政策，特别是财政、薪资和社会保障政策，逐步实现更大的平等。

10.5 改善对全球金融市场和金融机构的监管和监测，并加强上述监管措施的执行。

10.6 确保发展中国家在国际经济和金

融机构决策过程中有更大的代表性和发言权，以建立更加有效、可信、负责和合法的机构。

10.7 促进有序、安全、正常和负责的移民和人口流动，包括执行合理规划和管理完善的移民政策。

10.A 根据世界贸易组织的各项协议，落实对发展中国家，特别是最不发达国家的特殊和区别待遇原则。

10.B 鼓励根据最需要帮助的国家，特别是最不发达国家、非洲国家、小岛屿发展中国家和内陆发展中国家的国家计划和方案，向其提供官方发展援助和资金，包括外国直接投资。

10.C 到2030年，将移民汇款手续费减至3%以下，取消费用高于5%的侨汇渠道。

建设包容、安全、有抵御灾害能力和可持续的城市和人类住区

11.1 到2030年，确保人人获得适当、安全和负担得起的住房和基本服务，并改造贫民窟。

11.2 到2030年，向所有人提供安全、负担得起的、易于利用、可持续的交通运输系统，改善道路安全，特别是扩大公共交通，要特别关注处境脆弱者、妇女、儿童、残疾人和老年人的需要。

11.3 到2030年，在所有国家加强包容和可持续的城市建设，加强参与性、综合性、可持续的人类住区规划和管理能力。

11.4 进一步努力保护和捍卫世界文化和自然遗产。

11.5 到2030年，大幅减少包括水灾在内的各种灾害造成的死亡人数和受灾人数，大幅减少上述灾害造成的与全球国内生产总值有关的直接经济损失，重点保护穷人和处境脆弱群体。

11.6 到2030年，减少城市的人均负面环境影响，包括特别关注空气质量，以及城市废物管理等。

11.7 到2030年，向所有人，特别是妇女、儿童、老年人和残疾人，普遍提供安全、包容、无障碍、绿色的公共空间。

11.A 通过加强国家和区域发展规划，支持在城市、近郊和农村地区之间建立积极的经济、社会和环境联系。

11.B 到2020年，大幅增加采取和实施综合政策和计划以构建包容、资源使用效率高、减缓和适应气候变化、具有抵御灾害能力的城市和人类住区数量，并根据《2015—2030年仙台减少灾害风险框架》在各级建立和实施全面的灾害风险管理。

11.C 通过财政和技术援助等方式，支持最不发达国家就地取材，建造可持续的、有抵御灾害能力的建筑。

 采用可持续的消费和生产模式

12.1 各国在照顾发展中国家发展水平和能力的基础上，落实《可持续消费和生产模式十年方案框架》，发达国家在此方面要做出表率。

12.2 到2030年，实现自然资源的可持续管理和高效利用。

12.3 到2030年，将零售和消费环节的全球人均粮食浪费减半，减少生产和供应环节的粮食损失，包括收获后的损失。

12.4 到2020年，根据商定的国际框架，实现化学品和所有废物在整个存在周期的无害环境管理，并大幅减少它们排入大气以及渗漏到水和土壤的概率，尽可能降低它们对人类健康和环境造成的负面影响。

12.5 到2030年，通过预防、减排、回收和再利用，大幅减少废物的产生。

12.6 鼓励各个公司，特别是大公司和跨国公司，采用可持续的做法，并将可持续性信息纳入各自报告周期。

12.7 根据国家政策和优先事项，推行可持续的公共采购做法。

12.8 到2030年，确保各国人民都能获取关于可持续发展以及与自然和谐的生活方式的信息并具有上述意识。

12.A 支持发展中国家加强科学和技术能力，采用更可持续的生产和消费模式。

12.B 开发和利用各种工具，监测能创造就业机会、促进地方文化和产品的可持续

旅游业对促进可持续发展产生的影响。

12.C 对鼓励浪费性消费的低效化石燃料补贴进行合理化调整，为此，应根据各国国情消除市场扭曲，包括调整征税结构，逐步取消有害补贴以反映其环境影响，同时充分考虑发展中国家的特殊需求和情况，尽可能减少对其发展可能产生的不利影响并注意保护穷人和受影响社区。

目标13 气候行动

采取紧急行动应对气候变化及其影响

13.1 加强各国抵御和适应气候相关的灾害和自然灾害的能力。

13.2 将应对气候变化的举措纳入国家政策、战略和规划。

13.3 加强气候变化减缓、适应、减少影响和早期预警等方面的教育和宣传，加强人员和机构在此方面的能力。

13.A 发达国家履行在《联合国气候变化框架公约》下的承诺，即到2020年每年从各种渠道共同筹资1000亿美元，满足发

展中国家的需求，帮助其切实开展减缓行动，提高履约的透明度，并尽快向绿色气候基金注资，使其全面投入运行。

13.B 促进在最不发达国家和小岛屿发展中国家建立增强能力的机制，帮助其进行与气候变化有关的有效规划和管理，包括重点关注妇女、青年、地方社区和边缘化社区。

*我们认为，《联合国气候变化框架公约》是谈判达成对气候变化的全球性对策的首要政府间国际论坛。

目标14 水下生物

保护和可持续利用海洋和海洋资源以促进可持续发展

14.1 到2025年，预防和大幅减少各类海洋污染，特别是陆上活动造成的污染，包括海洋废弃物污染和营养盐污染。

14.2 到2020年，通过加强抵御灾害能力等方式，可持续管理和保护海洋和沿海生态系统，以免产生重大负面影响，并采取行动帮助它们恢复原状，使海洋保持健康，物产丰富。

14.3 通过在各层级加强科学合作等方

式，减少和应对海洋酸化的影响。

14.4 到2020年，有效规范捕捞活动，终止过度捕捞、非法、未报告和无管制的捕捞活动以及破坏性捕捞做法，执行科学的管理计划，以便在尽可能短的时间内使鱼群量至少恢复到其生态特征允许的能产生最高可持续产量的水平。

14.5 到2020年，根据国内和国际法，并基于现有的最佳科学资料，保护至少10%

的沿海和海洋区域。

14.6 到2020年，禁止某些助长过剩产能和过度捕捞的渔业补贴，取消助长非法、未报告和无管制捕捞活动的补贴，避免出台新的这类补贴，同时承认给予发展中国家和最不发达国家合理、有效的特殊和差别待遇应是世界贸易组织渔业补贴谈判的一个不可或缺的组成部分。

14.7 到2030年，增加小岛屿发展中国家和最不发达国家通过可持续利用海洋资源获得的经济收益，包括可持续地管理渔业、水产养殖业和旅游业。

14.A 根据政府间海洋学委员会《海洋技术转让标准和准则》，增加科学知识，培养研究能力和转让海洋技术，以便改善海洋的健康，增加海洋生物多样性对发展中国家，特别是小岛屿发展中国家和最不发达国家发展的贡献。

14.B 向小规模个体渔民提供获取海洋资源和市场准入机会。

14.C 按照《我们希望的未来》第158段所述，根据《联合国海洋法公约》所规定的保护和可持续利用海洋及其资源的国际法律框架，加强海洋和海洋资源的保护和可持续利用。

  保护、恢复和促进可持续利用陆地生态系统，可持续管理森林，防治荒漠化，制止和扭转土地退化，遏制生物多样性的丧失

15.1 到2020年，根据国际协议规定的义务，保护、恢复和可持续利用陆地和内陆的淡水生态系统及其服务，特别是森林、湿地、山麓和旱地。

15.2 到2020年，推动对所有类型森林进行可持续管理，停止毁林，恢复退化的森林，大幅增加全球植树造林和重新造林。

15.3 到2030年，防治荒漠化，恢复退化的土地和土壤，包括受荒漠化、干旱和洪涝影响的土地，努力建立一个不再出现土地退化的世界。

15.4 到2030年，保护山地生态系统，包括其生物多样性，以便加强山地生态系统的能力，使其能够带来对可持续发展必不可少的益处。

15.5 采取紧急重大行动来减少自然栖息地的退化，遏制生物多样性的丧失，到2020年，保护受威胁物种，防止其灭绝。

15.6 根据国际共识，公正和公平地分享利用遗传资源产生的利益，促进适当获取这类资源。

15.7 采取紧急行动，终止偷猎和贩卖受保护的动植物物种，处理非法野生动植物产品的供求问题。

15.8 到2020年，采取措施防止引入外来入侵物种并大幅减少其对土地和水域生态系统的影响，控制或消灭其中的重点物种。

15.9 到2020年，把生态系统和生物多样性价值纳入国家和地方规划、发展进程、减贫战略和核算。

15.A 从各种渠道动员并大幅增加财政资源，以保护和可持续利用生物多样性和生态系统。

15.B 从各种渠道大幅动员资源，从各个层级为可持续森林管理提供资金支持，并为发展中国家推进可持续森林管理，包括保护森林和重新造林，提供充足的激励措施。

15.C 在全球加大支持力度，打击偷猎和贩卖受保护物种，包括增加地方社区实现可持续生计的机会。

创建和平、包容的社会以促进可持续发展，让所有人都能诉诸司法，在各级建立有效、负责和包容的机构

16.1 在全球大幅减少一切形式的暴力和相关的死亡率。

16.2 制止对儿童进行虐待、剥削、贩卖以及一切形式的暴力和酷刑。

16.3 在国家和国际层面促进法治，确保所有人都有平等诉诸司法的机会。

16.4 到2030年，大幅减少非法资金和武器流动，加强追赃和被盗资产返还力度，打击一切形式的有组织犯罪。

16.5 大幅减少一切形式的腐败和贿赂行为。

16.6 在各级建立有效、负责和透明的机构。

16.7 确保各级的决策反应迅速，并且具有包容性、参与性和代表性。

16.8 扩大和加强发展中国家对全球治理机构的参与。

16.9 到2030年，为所有人提供法律身份，包括出生登记。

16.10 根据国家立法和国际协议，确保公众获得各种信息，保障基本自由。

16.A 通过开展国际合作等方式加强相关国家机制，在各层级提高各国尤其是发展中国家的能力建设，以预防暴力、打击恐怖主义和犯罪行为。

16.B 推动和实施非歧视性法律和政策以促进可持续发展。

加强执行手段，重振可持续发展全球伙伴关系

17.1 通过向发展中国家提供国际支持等方式，改善国内征税和提高财政收入的能力，加强筹集国内资源。

17.2 发达国家全面履行官方发展援助承诺，包括许多发达国家向发展中国家提供占发达国家国民总收入0.7%的官方发展援助，以及向最不发达国家提供占比0.15%至0.2%援助的承诺；鼓励官方发展援助方设定目标，将占国民总收入至少0.2%的官方发展援助提供给最不发达国家。

17.3 从多渠道筹集额外财政资源用于发展中国家。

17.4 通过政策协调，酌情推动债务融资、债务减免和债务重组，以帮助发展中国家实现长期债务可持续性，处理重债穷国的外债问题以减轻其债务压力。

17.5 采用和实施对最不发达国家的投资促进制度。

技术

17.6 加强在科学、技术和创新领域的南北、南南、三方区域合作和国际合作，拓宽获取渠道，推动按相互商定的条件共享知识，包括加强现有机制间的协调，特别是在联合国层面加强协调，以及通过全球技术促进机制加强协调。

17.7 以优惠条件，包括彼此商定的减让和特惠条件，促进发展中国家开发以及向其转让、传播和推广环境友好型的技术。

17.8 推动最不发达国家的技术库和科学、技术和创新能力建设机制到2017年全

面投入运行，加强促成科技特别是信息和通信技术的使用。

能力建设

17.9 加强国际社会对在发展中国家开展高效的、有针对性的能力建设活动的支持力度，以支持各国落实各项可持续发展目标的国家计划，包括通过开展南北合作、南南合作和三方合作。

贸易

17.10 通过完成多哈发展回合谈判等方式，推动在世界贸易组织下建立一个普遍、以规则为基础、开放、非歧视和公平的多边贸易体系。

17.11 大幅增加发展中国家的出口，尤其是到2020年使最不发达国家在全球出口中的比例翻番。

17.12 按照世界贸易组织的各项决定，及时实现所有最不发达国家的产品永久免关税和免配额进入市场，包括确保对从最不发达国家进口产品的原产地优惠规则为简单、透明和有利于市场准入的。

系统性问题

政策和机制的一致性

17.13 加强全球宏观经济稳定，包括为此加强政策协调和政策一致性。

17.14 加强可持续发展政策的一致性。

17.15 尊重每个国家制定和执行消除贫困和可持续发展政策的政策空间和领导作用。

多利益攸关方伙伴关系

17.16 加强全球可持续发展伙伴关系，以多利益攸关方伙伴关系作为补充，调动和分享知识、专长、技术和财政资源，以支持所有国家，尤其是发展中国家实现可持续发展目标。

17.17 借鉴伙伴关系的经验和筹资战略，鼓励和推动建立有效的公共、公私和民间社会伙伴关系。

数据、监测和问责

17.18 到2020年，加强向发展中国家，包括最不发达国家和小岛屿发展中国家提供的能力建设支持，大幅增加获得按收入、性别、年龄、种族、民族、移徙情况、残疾情况、地理位置和各国国情有关的其他特征分类的高质量、及时和可靠的数据。

17.19 到2030年，借鉴现有各项倡议，制定衡量可持续发展进展的计量方法，作为对国内生产总值的补充，协助发展中国家加强统计能力建设。

懒人也能做到的行动指南

躺在沙发上就能做到的事

● 节约用电。电器的插头插在插座上，在不使用的时候要将电源完全关掉。当然，计算机也是一样。

● 账单到了之后，不去银行窗口，而是在网络上用手机进行支付。减少用纸，就可以减少森林破坏。

● 不要只点赞，要转发分享。如果在社交媒体上看到了关于女性权利或气候变化的文章等，就转发给你的好友们。

● 发出你的声音！在你所居住的城镇或国家，呼吁大家一同参与对人类和地球有益的活动当中。如今，《巴黎协定》是为了解决全球变暖而提出的全新国际规则，你也可以展示出对《巴黎协定》的支持态度。如果你的国家还没有批准的话，就更要展示出这样的态度。

● 尽量不要打印。需要记住的事情如果能够在网络上找到的话，就可以在笔记本上做笔记，如果能够用电子备忘录的方式就更好了。一起来节约用纸吧！

● 减少照明。由于电视和计算机的画面亮度都很高，所以在不必要的情况下，可以不开其他的灯。

● 在网上搜索一下，就可以知道哪家正在致力于可持续发展目标，在做有益于环境的事业。在购物的时候就买这些企业的产品吧。

● 在网上报告欺凌。在网上的帖子或聊天室里如果看到有人找麻烦，就去警告那个人吧。

在家里就可以做到的事

● 不使用吹风机或烘干机，自然风干头发或衣服。在洗衣服的时候，尽量用满洗衣机的洗衣桶。

● 短时间洗澡的话就淋浴吧。另外，如果只泡5~10分钟的澡的话，与淋浴相比，会浪费水几十升的水。

● 少吃肉和鱼。肉的生产与植物相比，要耗费更多的资源。

● 生鲜产品和吃剩下的食物，在放坏之前要提前冷冻起来。这样就可以不用浪费食物和金钱了。

● 使用堆肥。厨余垃圾如果制成堆肥的话，不仅仅可以减少对气候的影响，也可以对营养物质进行再利用。

● 如果循环使用纸张、塑料、玻璃和铝的话，就需要增加用于填埋的土地。

● 尽量购买建议包装的产品。

● 将门、窗的空隙塞上，可以提高能源效率。

● 空调温度在冬天设低一点，夏天设高一点！

● 如果还在使用旧电器的话，可以换成节能型的机种和电灯泡。

● 尽量在家里安装太阳能电池板，真的会节约电费！

● 不要用水冲。在使用洗碗机的时候，不要提前用水冲盘子。

要想创造一个可持续发展的社会，不仅仅国家和企业，我们每一个人都需要在日常生活中从简单的小事做起。以下的行动其实只是一部分。

不在家的时候可以做到的事

● 在当地买东西！这样不仅可以支援当地企业，保证就业，也可以避免货车长途运输。

● 购买"问题"商品！有很多蔬菜和水果，仅仅因为大小、颜色不符合规格就被扔掉。

● 在餐厅点海鲜的时候，一定要问这个海鲜是不是可持续捕捞的。让店家知道你想要的是有益于海洋环境的海鲜。

● 只购买可持续海鲜！有很多应用软件都可以查到哪些海产品可以消费。

● 使用可改换包装的瓶子或咖啡杯。这样既可以杜绝浪费，也可以在咖啡商店享受折扣。

● 不要拿过量的餐巾纸。不堂食，根本没有必要拿过量的餐巾纸。只取自己够用的量。

● 购买二手物品。新品不一定就是最好的，二手店里也可以挖掘到宝贝。

● 不需要的东西都寄走吧。当地的慈善团体会给你曾十分珍惜的衣服、书本和家具带来新的生命！

● 好好使用选择国家和地方自治体领导的权利。

在职场上能够做到的事

● 在你的职场里，是不是所有人都享受到了医疗服务呢？作为劳动者，要了解自己的权利，要用于向不平等宣战。

● 去成为青年顾问吧！这是一个令人暖心、刺激且强大的方法，可以帮助引导某个人走向更好的未来。

● 薪资差距在几乎所有的职场都有体现。女性员工即便和男性员工做同样的事情，工资也比男性员工少10%～30%。发出声音，支持同等劳动同等薪酬。

● 将公司内的冷暖气装置设置成节能型的！

● 你的公司是否在投资清洁弹性基础设施呢？这是保证劳动者安全和保护环境的唯一方法。

● 如果在职场上有歧视的事情发生，不管是什么歧视，都要发出你的声音。与性别、人种、性取向、社会背景、身体状况等无关，每个人都是平等的。

● 通勤选择自行车、步行或者公共交通工具。私家车只会带来堵车！

● 在职场实行无影响周（对地球零影响）。至少坚持1周，学习更加可持续的生活方式。

● 发出你的声音。请求公司或政府参加无害于人类和地球的活动。也发出支持《巴黎协定》的声音。

● 重新审视每天的决定，做出改变。你的职场上是否可循环呢？你的公司在调配货物上，是否做出了危害生态系统的做法呢？

● 了解关于劳动权利的知识。

来源：联合国信息中心官方网站。

終 章

接下来，就开始实践可持续
发展目标商业吧

各位读者在读完本书之后，是否已经加深了对可持续发展目标的理解呢？

相信大家都已经感受到，对可持续发展目标采取旁观的态度是危险的，不立刻投身于此是危险的。

可持续发展目标是一个指南针，它让你从世界的角度去看人、社会和地球。那么对可持续发展目标的实践来说，合适的入门方式是十分重要的。不同的入门方式也决定着未来不同的发展方向，而这也与各位未来的生存方式息息相关。

本书是我与宝岛社书籍局第一编辑部工藤隆宏老师和编辑制作的G.B老师共同合作完成的，是一本恰到好处的入门书籍，也可以为企业经营和自治体行政等方面做出贡献。

很遗憾，从世界范围来看，日本对于可持续发展目标的认知度仍然很低。另外，尽管经营者的认知度已经接近八成，但是中层管理者以及企业职工的认知度仍然停留在两成到三成。除此之外，可持续发展目标的责任人和倡导者也在经营者与中层干部当中左右为难。

因此，在进入到下一阶段后，就需要一本实用书籍，从经营和在公司内部进行思想渗透的角度来解说可持续发展目标的实践。这就是我的另一部著作《Q&A 可持续发展目标经营》（日本经济新闻出版社），该书采取一问一答的形式进行讲解，所以大家可以选择自己关心的部分来阅读。该书的主要内容有可持续发展目标和公司高层的责任、业界的主要实例、地方创生商业、奥运会、世博会、导入可持续发展目标的过程等。在附录里，也有可持续发展目标具体目标的关键词集。因此，希望大家能够将两本书结合在一起阅读。

希望大家都能够成为自觉致力于可持续发展事业第一代人，并推动企业和组织不断前进。

笹谷秀光

北京市版权局著作权合同登记 图字：01-2021-1528。

图书在版编目（CIP）数据

零基础：可持续发展笔记 /（日）笹谷秀光著；
张歌译. -- 北京：中国科学技术出版社，2021.5

ISBN 978-7-5046-8992-4

Ⅰ.①零… Ⅱ.①笹… ②张… Ⅲ.①企业发展
Ⅳ.① F272.1

中国版本图书馆 CIP 数据核字（2021）第 042104 号

策划编辑	杜凡如　陈昱蒙		责任编辑	陈　洁	
版式设计	锋尚设计		封面设计	马筱琨	
责任校对	张晓莉		责任印制	李晓霖	

出　　版	中国科学技术出版社
发　　行	中国科学技术出版社有限公司发行部
地　　址	北京市海淀区中关村南大街 16 号
邮　　编	100081
发行电话	010-62173865
传　　真	010-62173081
网　　址	http://www.cspbooks.com.cn

开　　本	880mm×1230mm　1/32
字　　数	150 千字
印　　张	5
版　　次	2021 年 5 月第 1 版
印　　次	2021 年 5 月第 1 次印刷
印　　刷	北京顶佳世纪印刷有限公司
书　　号	ISBN 978-7-5046-8992-4/F·917
定　　价	49.00 元